新商务礼仪

礼修于心，仪秀于行

张燕华◎著

中国财富出版社

图书在版编目（CIP）数据

新商务礼仪／张燕华著．—北京：中国财富出版社，2017.5

ISBN 978－7－5047－6487－4

Ⅰ．①新… Ⅱ．①张… Ⅲ．①商务—礼仪 Ⅳ．①F718

中国版本图书馆 CIP 数据核字（2017）第 126726 号

策划编辑	宋　宇	**责任编辑**	于晨苗		
责任印制	方朋远	**责任校对**	胡世勋　张营营	**责任发行**	张红燕

出版发行	中国财富出版社	
社　　址	北京市丰台区南四环西路 188 号 5 区 20 楼	**邮政编码** 100070
电　　话	010－52227588 转 2048/2028（发行部）	010－52227588 转 307（总编室）
	010－68589540（读者服务部）	010－52227588 转 305（质检部）
网　　址	http://www.cfpress.com.cn	
经　　销	新华书店	
印　　刷	北京京都六环印刷厂	
书　　号	ISBN 978－7－5047－6487－4/F·2765	
开　　本	710mm×1000mm　1/16	**版　　次** 2017 年 9 月第 1 版
印　　张	11.5	**印　　次** 2017 年 9 月第 1 次印刷
字　　数	148 千字	**定　　价** 42.00 元

目　录

第一章

礼者，内修于心

荀子说，人无礼则不生，事无礼则不成，国无礼则不宁。英国哲学家约翰·洛克说，没有良好的礼仪，一切成就都会被看成骄傲、自负、无用和愚蠢。礼仪就是人们在社会交往中逐渐形成的大家都要遵守的规范与准则。

1. 何为礼仪

礼仪受历史传统、风俗习惯、宗教信仰、时代潮流等因素影响；既为人们认同，又为人们遵守；是以建立和谐关系为目的符合交往要求的行为准则和规范。

从个人修养的角度来看，礼仪是一个人内在修养和素质的外在表现。

从交际的角度来看，礼仪是人际交往中适用的一种艺术，是一种交际方式或交际方法，是人际交往中约定俗成的示人以尊重、友好的习惯做法。

从传播的角度来看，礼仪是人际交往中相互沟通的技巧。

礼仪非常重要，不是可有可无的。它是人际交往的重要行为规范。了解礼仪的起源，有利于人们认识礼仪的本质，自觉地按照礼仪规范的

要求进行社交活动。

2. 礼仪的起源

关于礼仪的由来有很多种说法，但也不是随意凭空臆造的。关于礼仪的起源，研究者们有各种不同的观点，可大致归纳为以下几种：

(1) 礼仪起源于祭祀

东汉许慎在《说文解字》中对"礼"的解释是：履也，所以事神致福也。意思是：实践约定的事情，用来给神灵看，以求得赐福。古时祭祀活动不是随意进行的，而是严格按照一定的程序、方式进行的。

郭沫若在《十批判书》中指出："礼之起，起于祀神，其后扩展而为人，更其后而为吉、凶、军、宾、嘉等多种仪制。"这里郭沫若讲到了礼仪的起源，以及礼仪的发展过程。他是认同礼仪起源于祭祀这一说法的。

(2) 礼仪起源于法庭的规定

在西方，"礼仪"一词源于法语的"Etiguette"，原意是"法庭上的通行证"。古代法国为了保证法庭中活动的秩序，将印有法庭纪律的通行证发给进入法庭的每一个人，作为遵守的规矩和行为准则。

后来"Etiguette"一词进入英文，演变为"礼仪"的含义，成为人们交往中应遵循的规矩和准则。

(3) 礼仪起源于风俗习惯

马克思说，人的本质属性是社会属性，人是不能离开社会和群体的。人与人在长期的交往活动中，渐渐地产生了一些约定俗成的习惯，久而久之这些习惯成为人与人交际的规范。当这些交往习惯以文字的形式被记录，并同时被人们自觉遵守后，就逐渐成为人际交往中固定的礼仪。

遵守礼仪，不仅使人们的社会交往活动变得有序、有章可循，同时也能使人在与人交往中更具有亲和力。

以上是关于礼仪起源的重要观点。从礼仪的起源可以看出，礼仪是人们在社会活动中，为了维护一种稳定的秩序，为了保持一种交际的和谐而产生的规范。直到今天，礼仪依然体现着这种本质特点与独特的功能。

3. 礼仪的特点

礼仪是一门社会交际的学问，它具有自身的特点。

（1）共同性

人们都有追求真、善、美的愿望，礼仪就是人们共同遵守的准则与行为规范。礼仪属于社会道德的范畴，每个人都要依"礼"办事，以讲"礼"为荣。

人们常说的礼尚往来、礼貌待客、文质彬彬、举止得体，都是符合大多数人的价值取向的文明标志。我国宋代出版的启蒙教材《三字经》，强调了礼仪的重要性，"为人子，方少时。亲师友，习礼仪"，是说作为子女，从小就要亲近师长和朋友，学习为人处世的礼仪，因为这是做人的基点。

（2）差异性

由于地域不同、民族不同、文化背景不同，礼仪除了共性之外，还带有本地域民族的特点，这就形成了礼仪表现形式上的差异。

举一个简单的例子：有一种手势，大拇指和食指环成圆圈，其余手

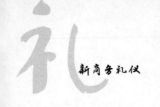

指伸展，意思是 OK，这种手势在美国表示"赞同""了不起"，但是在巴西则是指责别人行为不端。

所以礼仪除了具有一定的固定形式与规范外，还要注意因时、因地、因对象的不同而"入乡随俗"。

（3）继承性

礼仪规范将人们交际活动中约定俗成的程序固定下来，这种固化程序随着时间的推移沿袭下来，形成了继承性特点。人们对流传下来的礼仪规范应采取取其精华、去其糟粕、古为今用的态度。

例如：在中国重大活动中，座次以北为上、以左为尊的规则，就是继承了传统礼仪，成为迄今人们仍沿用遵守的礼仪规范。

（4）发展性

礼仪不是一成不变的，而是随着时代的发展，科学技术的进步，在传统的基础上不断地推陈出新，体现着时代的要求与时代的精神。

例如：在我国，握手替代了作揖，鞠躬替代了跪拜。如今节假日给亲朋好友打个电话、发个短信、送去鲜花，表示祝贺与问候，这些都反映了礼仪发展性的特点。

4. 礼仪的作用

要想正确把握与人交往的尺度，合理处理好人与人的关系，恐怕离不开礼仪。如果没有礼仪，就会使人们在交往中无章可循，感到手足无措，乃至失礼于人，闹出笑话。所以，熟悉和掌握礼仪，才可以做到触类旁通，待人接物恰到好处。

（1）礼仪可以塑造一个人的形象

交谈讲究礼仪，可以变得文明；举止讲究礼仪，可以变得高雅；穿着讲究礼仪，可以变得大方；行为讲究礼仪，可以变得美好……

做任何事情，只要讲究礼仪，都会做得恰到好处。一个讲究礼仪的人，在人际交往中，可以变得充满魅力。

（2）礼仪是人际关系和谐发展的调节器

在交往时，如果人们都按礼仪规范去做，有助于加强人们之间互相尊重，建立友好合作的关系，缓和、避免不必要的矛盾和冲突。一般来说，人们受到尊重、礼遇、赞同和帮助就会产生被吸引的心理，希望形成友谊关系；反之，会产生敌对、抵触、反感，甚至憎恶的心理。

礼仪具有凝聚情感，调解人际关系的作用。在现代生活中，人们之间的关系错综复杂，冲突不断，甚至很多人采取极端行为——烧杀抢掠，严重危害社会安定和人民生活。

礼仪有利于促使冲突各方保持冷静，缓解已经激化的矛盾。如果人们都能按照礼仪约束自己，就容易使人际间感情得以沟通，建立起相互尊重、彼此信任、友好合作的关系，进而有利于各种事业的发展。

5. 礼的三层意思：制度、礼貌、礼物

中国素以文明古国、礼仪之邦著称于世。在五千年的历史演变过程中，"礼"强烈地影响和制约着中国人的思想言论和行动。在古代典籍中，"礼"主要有三层意思：一是政治制度；二是礼貌、礼节；三是礼物。

古代的"礼"是指各种程序化的仪式、礼典、礼节及与之相关的事物。这是礼仪、礼乐、礼器之"礼"。《左传·昭公五年》中说："朝聘有珪，享觐有璋；小有述职，大有巡功；设机而不倚，爵盈而不饮；宴有好货，飨有陪鼎；入有郊劳，出有赠贿，礼之至也。"列举的事例

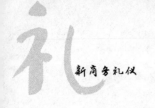
虽然仅限于外交礼仪，但仍可反映礼节仪式的主要特征。这是"礼"较通常的含义，是冠、昏（婚）、丧、祭诸礼典以及揖让周旋等各种繁文缛节的统称。春秋时期某些政论家还特意将"礼"的这一层面称作"仪"，强调它与政治等级意义上的"礼"有重大区别。古代礼书中常见威仪、曲礼、礼仪、礼乐、仪节、节文、仪式、仪注等名称，均特指"礼"的这一层面而言。

"礼"是包括慈、孝、忠、信等道德要求在内的伦理道德体系，是统领各种德的最高伦理。这是礼义、礼教之"礼"。春秋后期齐大夫晏婴有大段论礼的名言，其中提到："君令臣共，父慈子孝，兄爱弟敬，夫和妻柔，姑慈妇听，礼也。"又说："君令而不违，臣共而不贰，父慈而教，子孝而箴，兄爱而友，弟敬而顺，夫和而义，妻柔而正，姑慈而从，妇听而婉，礼之善物也。"意思是说，当君臣、父子、兄弟、夫妇等伦理关系达到全面和谐，就意味着"礼"的功效得到了充分的发挥，这是礼治的最高境界。晏婴将"礼"视为超越各种道德名目的纲领性的范畴。伦理道德是具有指导性和约束力的行事准则、行为规范，所以春秋时期人们又往往把"礼"理解为世人应当遵守的公理、正义和规则，如周内史中有"昭明物则，礼也"的说法；周单襄公所谓"奉义顺则谓之礼"，也可为例。伦理道德（包括带有习惯法性质的道德禁律和相应的教化手段）意义上的"礼"，被当作一种政治理念时，意味着相对温和的教育和感化，它与侧重强制和惩戒的法律、法典意义上的"法"相对应。先秦儒家主张的"礼治"，即侧重于"礼"的该层含义。

"礼"是指政治等级、政治秩序及一系列相应的政令法规。这是等级制度、国体政体之"礼"。晋卿随武子说："君子小人，物有服章。贵有常尊，贱有等威，礼不逆矣。"楚大夫申叔时谈到太子教育时说：

"教之礼，使知上下之则""明等级以导之礼"。这些话都强调"礼"的实质是等级制度。晋大夫女叔齐所谓"礼，所以守其国，行其政令，无失其民者也"，则是强调政治等级意义上的"礼"比表层的"仪"更为根本和重要。另有一些人还用"礼"说明整个社会政治结构，如晏婴在谈论礼治时说道："在礼，家施不及国，民不迁，农不移，工贾不变，士不滥，官不滔，大夫不收公利。"这就不单是说等级制度，而且把身份、职业的区别和相关体制也纳入了"礼"的范畴。这层意义上的"礼"，《荀子·富国》有经典表述："礼者，贵贱有等，长幼有差，贫富轻重皆有称者也。"值得注意的是，有人还从等级、秩序的角度出发，对"礼"的概念作了引申和发挥，把"礼"说成了无所不包、无处不在的"宇宙的法则"。所谓"夫礼，天之经也，地之义也，民之行也。天地之经，而民实则之……礼，上下之纪，天地之经纬也，民之所以生也，是以先王尚之"，即属此类。这种礼代表等级和秩序，等级和秩序是普遍法则，故礼具有绝对普遍意义的思想，把"礼"的外延无限地扩展了。

从思维发展史的角度看，上述几层内容的"礼"的概念，是商代以来人们对"礼"的认识由浅入深，不断丰富和扩大其内涵的结果。而分清"礼"的概念不同层次的内涵，对于准确掌握中国礼制具有重要意义。

6. 礼由心生：态度决定一切

"礼仪"一词从字面上理解为：礼，礼貌；仪，仪表仪容。合起来大概的意思就是：在人与人交往中注意自己的仪容仪表，并且对人有礼貌，注重待人接物的礼节。规范的定义礼仪是在人际交往中，以约定俗

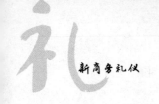

成的程序及方式来表现律己、敬人的过程。

礼由心生，这里的"礼"表示礼节、尊敬、崇敬。就是说，对某人的尊敬、崇敬是发自内心的，是真诚的，而不是装出来的，或表面上的。

一天，苏轼和佛印禅师开玩笑说："我看你像牛粪。"佛印却平静地说："我看你像如来。"苏轼不解，这和尚怎么以德报怨呢？其妹苏小妹说："心存牛粪，看人都如牛粪；心存如来，看人都是如来。"这则故事告诉我们：心存善念，才有善行；心中有礼，才会真正施礼于人。

一位男士在商务场合中，穿着名贵的西装、皮鞋，系着领带。就此来看，好像很符合商务礼仪的着装惯例，但这是表面现象，他不是摆放在橱窗里的模特，而是动态的社会人，需要和他人交往。在交往过程中，能给别人留下什么印象，仅靠着装不能为他赚得多少分，还要看其举止言行。

有良好的仪表，而没有合乎礼节的言行举止，可能更让人反感，觉得他是"金玉其外，败絮其中"，交往效果适得其反。"心无礼"，再好的仪表充其量也只是花瓶，无济于事。

商务交往中，有些人在交往之初显得彬彬有礼，但随着交往的深入，对方发现那只是在走流程。交谈中，这些人经常表现得心不在焉或语气敷衍；和你握手的同时与第三方说话；说话时，不是抖腿就是倚靠在沙发里，脚向前伸直，脚尖向人；用餐时，响声大作，不是边嚼食物边说话，就是满嘴食物喝酒……

相信无论谁面对这样的人都舒服不了，但当事人或许没有发觉，有时这是潜意识里的个人习惯，不一定是故意做出来的。

冯巩的电影《别拿自己不当干部》中，王喜和大老黑去郊区吃农家饭。大老黑吃粉条时发出很大的吸溜声，嘴里像装了一台抽水机，使"领导"王喜忍无可忍，但即使再三提醒，大老黑也不承认，直至两人较真儿时，大老黑又吸溜粉条，才发现自己真是这样。

只有"心有礼"，才能将礼仪行为化为自己的习惯，并形成律己敬人的作风。礼仪行为没有绝对的对，也没有绝对的错。而且随着社会的发展，新事物的不断出现，也会不断涌现出新的礼仪规则、规范。交往中，即使对个别礼节不了解，也要以理解他人、体谅他人、尊重他人为出发点，做出最合乎礼节的选择。

荀子说："礼者，养也"，"礼由心生"。一个具有良好文明意识的现代人，礼是必备的基本教养，必须表里如一。荀子还说："礼者，敬也。"这个世界并不完美，是具有多样性的，懂得尊重别人、尊重自己，学会理解、欣赏、包容别人，这样生活、工作才会变得更美好。也即是说，有道德才能高尚，有修养才能文明，讲礼仪一定要有阳光的心态。

所以，交往中，要做到我从心里尊重你，发自内心地体谅并在意别人的感受，充满善意，举止言行才能得体规范、进退有度，从而成为有风度、有修养、受人欢迎和尊敬的人。

7. 礼仪的基本理念：尊、遵

礼仪，是中华传统美德宝库中的一颗璀璨明珠，是中国古代文化的精髓。礼仪是个人外在形象与内在素质的集中体现。对于个人来说，礼仪既是尊重别人，同时也是尊重自己的体现。礼仪在个人事业发展中起着决定性作用。它提升人的涵养，增进了解沟通，细微之处显真情。礼

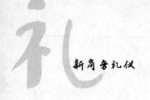

仪对内可融洽关系，对外可树立形象，营造和谐的工作和生活氛围。

礼仪包括仪容仪表、待人接物、礼节等方面，它贯穿于日常工作及生活点滴之中，打招呼、握手、递名片、入座等司空见惯的行为也有很多的学问与规矩。我们日常不经意的动作却能体现出一个人的涵养。

礼仪的基本理念包含尊、遵二字。

尊分为尊重自己和尊重他人两个方面：尊重自己即自尊，表现在三个方面，首先表现在你的言谈举止，待人接物上。自己要把自己当回事，站有站相，坐有坐相，穿着得体，举止大方。其次要尊重自己的职业。专业技能过硬，爱岗敬业的人，才会赢得同事的尊重。再次要尊重自己的单位。我们有责任、有义务维护它的尊严和形象。

对交往对象表示尊重，我们一般要讲五句话：尊重上级是一种天职，尊重同事是一种本分，尊重下级是一种美德，尊重客户是一种常识，尊重所有人是一种教养。这五个方面，涉及人际关系的方方面面，不能失礼于人，尊重他人可以赢得自尊。

礼仪是一个民族、一个社会约定俗成的行为准则，是每个人都应遵守的。按照礼仪行事才会得到肯定评价。注重礼仪的人会表现得举止文雅、彬彬有礼，给人一种美的享受，无论对他人还是对自己都能起到陶冶身心的作用。

人类社会需要规则，因为规则是社会得以维持的必要条件。在一个特定的空间中，如果只有一个人，规则是不必要的；如果多了一个人，就需要一定的简单规则。比如，两个人如何做到互不干扰，或者如何进行互相协调。因此，规则和人类社会共生，按照自然法学家的说法，规则是为了保证人类不在互相争夺中毁灭。国家产生以后，在社会中占支配地位的力量所制定的规则获得国家强力的支持，但是规则的遵守主要还是依靠社会成员的内心对规则的尊重，前提是遵守规则会给每个人带来好处。

所谓规范，就是规则和标准。没有规矩不成方圆，没有规范就没有秩序。如果规范、标准缺失，不仅会冲击正常社会秩序，还会影响到社会的发展和生存质量。

良好的社会秩序需要人们遵循一定的行为规范，建立正常的社会关系。社会中的群体是由个人组成的。所谓个人，就是现实生活中具有自己的意志、利益、需要和行为的个体。而群体是由共同目的和协作关系的个人组成的社会系统。在社会活动中，个人与群体的关系、个人与个人之间的关系，实质上是一种利益关系。正确处理人与人及个人与群体的利益关系，需要行为规范发挥协调作用。

行为规范是用以调节人际交往、实现社会控制、维持社会秩序的工具，它来自于主体和客体相互作用的交往经验，是人们说话、做事所依据的标准，也就是社会成员都应遵守的行为。

8. 礼者，内外兼修

"礼者，理也。"礼者，内外兼修。礼仪是一种由内到外的素养流露。

礼是人的一种内在的修养，而仪便是礼的外在表现形式。可以说，礼仪源自我们的内心，发自内心的为人处世方式就是一种礼仪。

中国自古就有礼仪之邦的美誉。在传统的六艺礼、乐、射、御、书、数中，"礼"排第一位，充分说明了中国人重视礼仪的传统。俗话说："礼由心生"，礼仪是一个人内心世界的外在表现和真实感情的自然流露。举止大方、谈吐不俗、温文尔雅、彬彬有礼，绝不是装模作样

就能做出来的，它必须以良好的个人素养为基础。

一个缺乏素养的人，无论怎样包装自己，终究只能给人一种粗俗、肤浅的感觉和印象。因此，礼仪规范是每个人内在素养的体现，流露出个人的气质、风度、阅历、知识，等等。

一个40多岁衣着优雅的女人，领着她的儿子走进某著名企业总部大厦楼下的花园，并在一张长椅上坐下来吃东西。

女人往地上扔了一片废纸屑，不远处有个老人在修剪花木，他什么话也没有说，走过去捡起那片纸屑，把它扔进了一旁的垃圾箱里。

过了一会儿，那个女人又扔了一片。老人再次走过去把那片纸屑捡起扔到了垃圾箱里……就这样，老人一连捡了三次。

女人指着老人对孩子说："看见了吧，你如果现在不好好上学，将来就会跟他一样没出息，只能做这些卑微低贱的工作！"

老人听见后放下剪刀走过来说："你好，这里是集团的私家花园，你是怎么进来的？"女人高傲地说："我是刚被应聘来的部门经理。"这时一名男子匆匆走过来，恭恭敬敬地站在老人面前，对老人说："总裁，会议马上就要开始了。"老人说："我现在提议免去这位女士的职务！""是，我立刻按您的指示去办！"那人连声应道。

老人吩咐完后径直朝小男孩走去，他伸手抚摸了一下小男孩的头，意味深长地说："我希望你明白，要学会尊重每个人和每个人的劳动成果……"女人被眼前骤然发生的事情惊呆了。

她一下子瘫坐在长椅上。她如果知道是总裁就肯定不会做这种缺乏修养的事。

尊重每个人，不以身份而区分，这是一个人的修养，修养是装不出来的，它会暴露出人最真实的一面。

那么，现实中，我们应该如何内外兼修呢?

①多阅读

内涵要靠知识的积累，多看有深度的书，内容包括历史、哲学、生活百科等。书可以让你的知识丰富起来，这样和别人讲话的时候就可以引经据典，不至于因为找不到话题可说而无法表达自己内心的想法。知识丰富了，与陌生人谈话的时候，就不会因为找不到话题而使场面陷入尴尬。知识丰富了，在群体中各种话题就都能参与进去，不会让自己成为只看热闹的局外人。

古人有云："书中自有黄金屋，书中自有颜如玉。"读书是最好的修炼，读书是改变命运的金钥匙。

写文章讲究"读书破万卷，下笔如有神"。说话和写文章是一个道理，自己肚子里的东西多了，才能够说出有见解和有说服力的话。知识的价值也就在这个时候凸显出来，言辞机敏的人必定可以鹤立鸡群。

②热爱生活，深入生活

有些人和别人说话时，常常会自说自话，说出的话无论是跟周围的环境，还是周边的人，都没有任何关系，与现实生活脱节，这样的话没有人愿意听。造成这些的主要原因是缺乏生活的积累和阅历，对现实社会和现实生活了解不多、不深，生活过得比较封闭，孤陋寡闻。这类人加强生活积累很重要，知识、阅历和生活经历都能丰富一个人的内心。

外在语言是内在思想的直接体现，一个人说话的水平和素养，表现

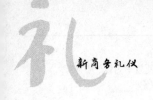

了他内在的涵养。同时，内在的涵养又是语言漂亮的根源。把话说得漂亮，不是一两天就能学会的，需要一个厚积薄发的过程。所以，要想让自己说话的水平有一个大幅度的提高，有一个质的突破，最关键、最主要的途径就是加强自己的内在修养，提升自己的内涵。

③修身运动，塑造好的体态

在形象塑造过程中，要充分地认识体态即肢体语言的作用。将体态看作是一门艺术，有助于塑造良好的体态形象。因此，修身养性成了现在很多人都在做的，可以改善我们的格调的方法。但其实在众多的方法中，借助运动可以让外在变得更完美，同时，人们在锻炼身体的时候可以释放心灵。不过也要选对运动方式，才可以达到修身养性的效果。

9. 自信是初次见面时重要的礼节

与人交往的第一步就是见面，见面时的礼节是形成第一印象的重要因素。由于人们对他人的初次印象最为深刻、稳定，并且对以后的人际交往起着指导性的作用，因此，必须高度重视初次见面。

许多商务人士与客户初次见面之前的最大心理障碍就是不自信。一个人如果缺乏自信，就会表现出言行的笨拙与无意的失礼，更不可能有良好的风度和气质。

自信是人的意志和力量的体现，是交际能力最重要的素养之一，也是最好的礼仪名片。在社交活动中，最被人瞧不起的是那些自己轻视自己的人。无论状况多险恶，前景多么可怕，也无论对方的来头有多大，商务人士都应当在见面时表现得沉着冷静、泰然自若。

第二章

仪秀于形，肢体语言的魅力

姿态美是一种极富魅力和感染力的美，它能使人在动静之中展现出人的气质、修养、品格和内在的美，体现出一个人丰富的内心世界。

在商务往来中，商务人士的举止事关一个单位、部门的形象，必须遵守礼仪规范，使举止合乎礼仪，优雅适度。而优雅得体的举止主要体现在站、坐、蹲、走等形态上。具体来说，商务人士的基本举止礼仪包括以下几个方面：

1. 站姿之外的信息

站姿是商务人士基本的行为举止之一，规范的礼仪站姿，能给人留下美好的印象。

（1）正确的站姿

抬头、直腰、平肩，目视前方；双臂自然下垂，收腹，双腿并拢直立，脚尖分呈 V 字形；身体重心可以放在两脚中间，也可两脚分开，比肩略窄；双手可放在裤缝中间，也可虎口相握放在腹前，避免抖手、抱拳等姿势。

（2）站立等候时的姿态要求

等候中若需要站立较长时间，为缓解疲劳可以采用一些变化的站

姿，但在变化中力求姿态优雅，切勿给人懒散的感觉。可将身体的重心向左腿或右腿转移，让另一条腿放松休息。如有人走近，应立即恢复标准站姿。

在商务活动中，优美、典雅的站姿是展示一个人良好素质的起点和基础，能衬托一个人良好的气质和风度。优美规范的站姿，能给人留下美好的印象。而要做到这点，需要在站立的时候挺胸、立腰。

普通站姿是抬头正首，双目平视前方，嘴唇微闭，面带微笑，自然平和；双肩放松，稍往下压，使人体有向上的感觉；躯干挺直，身体重心应在两腿的中央，做到挺胸、收腹、立腰；双臂自然下垂于身体两侧，或放在身体前后；双腿直立，保持身体的端正。

可一般人都有自己习惯的站立姿势。站姿能反映一个人的性格。

(1) 习惯把双手插入裤袋站立的人

这种表现不是装酷，而是一种警觉性的体现。这类人城府比较深，性格偏内向、保守，不善言语，不轻易向人表露内心的情绪。若同时还有弯腰的动作，则表明心情沮丧或苦恼。

(2) 站立时一只手插入裤袋，而另一只手无所适从的人

这类人性格复杂多变，情绪不稳定，对待朋友的态度依自己的心情而定，有时会推杯换盏、倾腹交谈，有时却冷若冰霜，让人难以接近。这类人大多自我保护意识很强，给自己装了一道"防护网"，所以人缘并不是很好。

(3) 双目平视站立的人

这是一种标准的站立姿势，说明此人非常有自信，性格比较开朗，给人一种"气宇轩昂"的感觉。如果再配合背脊挺直、胸部挺起的动作，则说明此人对自己的生活充满向往，属于乐天派的一类人。

（4）弯腰曲背、略现佝偻状站立的人

这类人的性格如其站立姿势一样，属于比较封闭、保守，甚至有点自闭的类型。他们自我防卫意识非常强，经常有惶恐不安或自我抑制的心情，而且对生活提不起兴趣，精神上也很消沉。

（5）双手叠于胸前站立的人

站立时有这种举动的人，性格极坚强，对于他们来说，几乎就没有迈不过去的坎，即便遭受很大打击，也能迅速振作起来。他们对于陌生人，自我保护意识比较强，与非常熟的朋友也会保持距离，经常给人一种难以接近的印象。他们非常重视自己的利益，有时会因自己的利益伤害到集体的利益，集体感不强。总体来说，这类人不太好打交道。如果这类人在谈话时身体微微往一边倾斜，则表明他不喜欢你，你最好赶紧找个理由离开。

（6）两手叉腰而立的人

这类人有着绝对的自信心，他们对眼前所发生的事情有着充分的准备。两手叉腰而立是一种开放型的动作，没有一种气魄似乎并不容易做到。

（7）双手置于臀部站立的人

这类人自我意识很强，对自己认定的事情绝对不会轻易改变，处事小心谨慎，绝对不会有马虎之举，并且他们有很好的领导能力，唯一的缺点就是有时太主观，性格似乎有点倔强，甚至是顽固，如果克服了这些毛病，则会是一个很好的领导。

（8）双手握于背后站立的人

这类人纪律性很强，奉公廉洁，看重权威；对工作认真负责，绝对不允许下属有欺诈隐瞒行为。他们极富耐心，而且能接受新观点和思

想，然而他们一般情绪波动比较大，说风就是雨，给人一种难以捉摸的感觉。

（9）两手双握置于胸前站立的人

有这种动作的人表示对自己所做的一切踌躇满志、信心十足，几乎可以达到睥睨一切的状态，或者对将要做的事情成竹在胸，非常有把握，甚至对将要发生的事情也估计得很到位。这类人大多是公司的业务骨干，如果有伯乐，一定是一匹千里马。

（10）双脚合并，双手自然下垂站立的人

这类人站立姿势比较保守、传统，甚至有些古板，他们的性格犹如站姿一样，诚实可靠，生活保守传统，一般都墨守成规，不会有太大的突破，对新鲜事物的接受理解能力也欠缺。他们做事有毅力，绝对不会轻易向困难低头。

（11）倚墙而站的人

这类人一般对人都比较友好，说话比较坦白，容易接纳别人。

（12）别腿交叉而站的人

这种姿势是保留态度或轻微拒绝的意思，同时也能暴露出这个人感到拘束和缺乏自信心，如果对方是陌生人则表明他有点害羞。

（13）不断改变站立姿态的人

这类人是行动主义者，他们性格急躁、暴烈，身心经常处于紧张状态，而且不断改变自己的思想观念，没有一个固定不变的想法。这类人在生活方面喜欢接受新的挑战。

美国夏威夷大学一位心理学家指出，不同的站姿往往可以显示出一个人的性格特征。因为每个人都有自己的生活习惯、起居饮食、言谈举止、厌恶爱好以及意识倾向，也正是这些方面决定了一个人的特征。从这些特征中可以显示出一个人的性格，当然站立的姿势也不例外，可以看出一个人的性格特征。

2. 坐姿体现修养

在商务交往中，文雅的坐姿，不仅给人以沉着、稳重、冷静的感觉，还能展现一个人的气质、风度。俗话说"坐如钟"，这是对坐姿的基本要求。坐姿要做到稳重、挺直、端正。

日常生活中，对于坐姿许多人并不是十分讲究，只要感觉舒服就好。而事实上，一个不经意的坐姿也能出卖一个人的性格特点，我们从这个不经意间的坐姿中，往往可以窥探出一个人的心性和修为。

下面是一段来北京谈生意的两个人的对话：

甲：今天谈了一下午，也没谈出什么名堂。

乙：我看明天还是谈不出名堂。

甲：一看那小伙子说话办事慌里慌张的，我就没有信心跟他谈了。

乙：坐没有坐相，站没有站相，办事也好不到哪儿去。

甲：我看他说话没谱儿，不但坐没坐相，连他的手脚也都稳不住。

乙：倒是那个副总还比较稳重，正襟危坐，看起来像那么回事，我看着心里也比较踏实。

甲：你说的是那位刘副总？那人在那儿一坐，稳如泰山，一看就是老手。

乙：不错，姜还是老的辣，但是，拍板还得由那小子，我们只

能跟他谈。

甲：明天再谈谈看吧。也不知道他那德行是怎么混上经理的位子的。

坐姿是心灵的暗示，我们若想在生活中正确地观察一个人，探测出其内心的修为以及心性，不妨从他的坐姿开始观察。

（1）正襟危坐

两脚并拢并微微向前，两手自然下垂的坐姿，这类人性格一般都比较内向，而且思想比较保守，待人真诚，人际关系比较好。他们做事有条理，脚踏实地，属于凡事都喜欢追求完美的完美主义者。此外，这类人的另一特性是不喜欢冒险，他们也从来不做没有把握的事情，因此，只要交给他们的任务，他们都会完成得很出色。

（2）跷二郎腿

有些人只要一坐下来就喜欢跷起二郎腿，尤其是年轻男士。这部分人大都具有戒备心和不服输的对抗心理，通常情况下他们都比较自信，而且拥有很好的人际关系。在中国的传统观念中，女性是不能随便跷二郎腿的。然而在现实中，如果是女性跷二郎腿，则说明这个人性格比较刚强，有一种不服输的精神，并且比较男性化。但是需要注意的是，如果与上司或者客户交谈时跷二郎腿，则会被人认为是骄傲的表现，这样可能会影响自己在对方心中的形象。

（3）手脚敞开，坐姿随意

这类人一般都比较自信，具有指挥者的天质或领导的才能。他们一般性格外向，不拘小节，生性好奇，并喜欢创新、追求刺激和新鲜感，偶尔也可能成为引导都市潮流的"先驱"。此外，他们待人真诚、态度随和，通常都是笑容可掬，不会在乎别人的三言两语，也不会在乎别人对他们的指指点点，他们始终坚持按照自己的性格生活。因此，这类人的人缘一般都不错。

（4）两腿并拢，双手放于大腿上

这类人一般比较呆板，不喜欢冒险，更不喜欢创新。性情固执，不喜欢接受别人的意见，喜欢钻牛角尖是这类人性格的最大缺陷。此外，他们凡事都想做到尽善尽美，但是因为缺乏耐性，所以哪怕是一件很小的事情也会令他们极度厌烦。由于缺乏恒心和毅力，事业上他们常常遭受失败。他们在与人相处中不愿意透露自己内心的真实想法，因此，人际关系也并不是很好。不过这类人想象力很丰富，具有艺术天赋，因此，比较适合从事艺术方面的工作。

（5）膝盖紧闭，小腿分开

有一类人，总是喜欢将两膝盖并拢在一起，小腿随着脚跟分开呈内"八"字，两手掌相对，放于两膝盖中间。这种类型的人通常都比较腼腆，性格内向。他们思想比较保守，习惯用过去成功的经验做依据，因此，这类人很容易被社会淘汰。如果是女性，则表明缺乏自信心，在公共社交场合很难见到这类人的身影。

（6）双腿并拢，伸向前方

这是一种很常见的坐姿方式，这类人性格开朗、心胸豁达、待人亲切、有主见，一旦决定的事情能很好地完成，但是这类人通常都拥有较强的嫉妒心。

（7）两腿分开，两脚并拢

一般情况下，这种坐姿的男性较多，他们比较好战，有勇气，有胆量，责任心强，并且敢于追求新鲜事物。不仅如此，他们还具有领导的

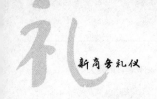

气势，但是在人际关系的处理上并不是很理想。

生活中，与他人交往时，坐着的时候居多。因此，我们在交际中只要稍加留意，就可以从坐姿中发现一个人的情绪、个性以及心理特征，而且坐姿的一个小小的细节传达给你的将是最真实的信息。正所谓"运筹帷幄，才能决胜千里"，交际中如果正确地把握对方的性格特点，就能更好地沟通与交流。

3. 走路姿势体现礼仪

美国第32任总统富兰克林年轻时，有次去拜访一位老前辈。老前辈住在一座低矮的小茅屋里，富兰克林昂首挺胸到他家做客，就在他要进门的时候，"嘭"的一声，额头重重地撞在门框上，青肿了一大块。

老前辈笑着出来迎接说："很痛吧！你知道吗？这是你今天来拜访我最大的收获，一个人活在世上，必须时刻记住'低头'。"富兰克林记住了老前辈的话，低调做人，在不显山不露水中成就了事业。

走路对于我们来说是每天都要做的事情，就像我们每天呼吸新鲜空气一样再平常不过了。看似平常，没有半点特点，却最能反映出一个人的性格特征以及气质和修养。

英国心理学家莫里斯通过研究发现：人体中越是远离大脑部位的肢体动作，越能表达一个人内心的真实情感。腿离大脑的距离较远，因此，腿部语言要比其他部位"诚实"很多。

其实一个人的走路姿势和人的性格有很大关系，不同的人走路方式也不相同，因此我们说，走路姿势能够真实地反映一个人的性格特点。

有的人步履稳健、昂首挺胸、端庄、得体而大方，给人一种精明而稳健的感觉；有的人步履矫健、富有弹性、灵活敏捷、轻松自如，这类人容易让人联想到朝气、活力和健康，让人油然而生欢乐与柔和的感觉；有的人步履蹒跚，给人一种死气沉沉、无精打采的感觉；有的人步伐急促、步履匆匆，给人一种精力旺盛、爽快、好相处的感觉。

（1）昂首挺胸走路的人

有人走路的时候，喜欢将下巴微微抬高，手臂自然摆动。这类人比较自我，而且做事有条不紊、善始善终。他们大多独立性很强，一般不会依赖他人，思维敏捷，有很强的组织能力。不过这类人往往略微带有一丝的骄傲。

（2）低头走路的人

走路时总是两手插进口袋里，头常常低着。这类人往往是情绪消极，很可能是目前遇到了让自己沮丧的事情，或者是碰到难解决的问题，陷入了进退两难的境地。如果一个人始终都喜欢低头走路，则说明此人性格内向，自卑心理严重，甚至有些胆怯心理，不敢正视他人。

（3）走路沉稳的人

走路沉稳的人，无论遇到什么事情都能保持步伐均匀，他们做事追求一个"稳"字。这类人对生活和工作状态很满足，从不好高骛远。并且他们的诚信度很高，值得信赖，更值得深交。

（4）步伐急促的人

随着生活节奏的加快，不少都市中的男男女女的步伐也随之加快。尤其像北京、上海这样的一线城市，随处可见步伐急促的人。由于生活节奏的加快而使不少人的脚步加快，这是一种生活的现象。除此之外，

如果有些人的性格急躁、说话心直口快，则走路的时候也大多步伐急促。步伐急促的人大多是性格开朗、做事豪爽，而且还属于行动主义者。此外，他们大多都具有较强的适应能力，凡事讲究效率，从不拖泥带水，而且敢于面对困难，从不推卸责任。

（5）走路左右摇晃的人

有些人走路的时候身子左右匀称地摇摆，多见于男性。他们大多性格软弱，缺乏自信心，而且没有上进心，对生活抱有一种得过且过的思想。在工作上不希望大起大落，追求平稳的生活方式。在社交上，他们缺乏自信，面对众人总是不善于表达，很容易让人产生一种误解，觉得这类人很自傲。其实不然，是他们的性格决定了他们的表达，因此，这类人的人际关系通常来说并不是很好。

（6）走路左观右望的人

有一些人，在行走的时候总是左右观望、躲躲闪闪。这类人，大多缺乏自信，而且害怕与他人交往，也很在意别人对他们的评价。因此，这类人人缘不佳，喜欢独处，工作效率也很低。

（7）走路两手叉腰的人

有些人走路的时候喜欢两手叉腰，说明这类人的性格急躁，总是希望在最短的时间内完成所有的任务。慢性子的人一般很难和这类人成为好朋友或者合作伙伴。

除以上几种，走路的姿势也随着人们的心情变化而变化。一个人心情愉悦时，步履轻快；心情沮丧时，则步履沉重、没精打采；心情沉重时，则步履缓慢、双手紧握背后。

行为学家明确指出：在一般情况下，要判断对方的思想弹性如何，只要让他在路上走走，就可以基本了解了。走路是人类最基本的肢体语言，也是很容易被人忽视的肢体语言。走路姿势能让我们看出一个人的个性内涵，洞察对方的心理。

行走最能体现出一个人的精神面貌。行走姿态的好坏可以反映人的内心境界和文化素养的高下，能够展现出一个人的风度、风采和韵味。

走姿动作要领如下：走姿是站姿的延续动作，行走时，必须保持站姿中除手和脚以外的各种要领。走路使用腰力，身体重心宜稍向前倾。跨步均匀，步幅约为一只脚到一只半脚。迈步时，两腿间距离要小。女性穿裙子或旗袍时要走成一条直线，使裙子或旗袍的下摆与脚的动作协调，呈现优美的韵律感；穿裤装时，宜走成两条平行的直线。出脚和落脚时，脚尖脚跟应与前进方向近乎一条直线，避免"内八字"或"外八字"。两手前后自然协调摆动，手臂与身体的夹角一般在 $10° \sim 15°$，由大臂带动小臂摆动，肘关节只可微曲。上下楼梯，应保持上体正直，脚步轻盈平稳，尽量少用眼睛看楼梯，最好不要手扶栏杆。

4. 从存放文件的习惯看人性和修为

办公室是一个繁忙的场所，也是显示一个人性情和修养的地方。每个人的桌面上都有各种各样的资料、文件，面对这一堆堆的资料、文件，每个人都有自己的处理方式。据法国心理学医生调查研究发现：办公桌上文件的摆放与个人的性格有着千丝万缕的联系。这也就意味着一个人存放文件的习惯展现了一个人的性格特征。

李玲是某大型商场的办公室主任，作为办公室主任，她平时的工作比较烦琐，而且每天都会接收到很多文件，有重要的，也有无关紧要的。

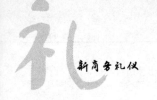

李玲面对这些文件总是不知所措，随意乱放，没有规律性，并且主次不分。商场每周都有一次例会，上个礼拜开例会之前，总经理已经再三嘱咐，在开会时要带上某个非常重要的文件，不过李玲还是把这事给忘记了。等到会议即将开始的时候，李玲突然想起来，但由于平时的文件堆放得没有规律，所以，此时想要找到这份重要的文件，简直就像大海捞针一样困难。无奈的李玲只能又一次挨了领导批评。

在我们的生活中，像李玲这样的人不在少数，平时对待文件的态度总是很随意。其实，通过这种随意存放文件的习惯，我们也可以洞悉对方的性格特征。

工作中，你不妨多留心观察同事的办公桌，看看他们的文件都是如何摆放的。

（1）文件放置整齐的人

他们往往会很认真地对待、处理文件，把每份文件都有条不紊地摆放，以方便使用。这类人做事认真谨慎，办事条理清晰，逻辑思维能力较强，因此，在工作中很容易得到上司的赏识。但是这类人的缺点是做事不够果断，没有开拓进取的精神，缺乏冒险精神和创新能力。

（2）文件堆放如山的人

有一种人，在收到文件的时候，不分主次，这里放一些，那里塞一些，将文件堆放得乱七八糟，办公环境往往凌乱不堪，每找一次文件都需要从上找到下，翻天覆地。这类人通常做事虎头蛇尾，没有头绪，难以善始善终，没有主见，容易被他人牵着鼻子走。他们性格偏于内向，缺乏责任心，工作能力较差，加上做事没有计划，遇到问题总是措手不及。因此，工作中他们往往事倍功半，做事很难成功。不过，他们待人温和、心地善良，办事干净利落。

（3）表面干净整洁，抽屉里却一团糟的人

对于这类人，一定不要被他们干净的桌面迷惑住，只要拉开他们的抽屉，一切就都明了了。这种类型的人虽然聪明过人，但他们往往善于耍一些小聪明，不能脚踏实地努力工作。他们多半华而不实，过度注重外观，工作中往往也不会取得骄人的成绩。表面上看来，这类人有不错的人际关系，但实际上，他们为人处世并不十分可靠，因此没有几个人愿意与他们真正交心。

（4）抽屉里一片空旷的人

这类人为了工作的方便，常常把所需要的资料放在伸手可及的地方。他们通常都是急性子，很有事业心，有组织力和领导能力，一般都可以成为老板。不过，这类人通常都会将桌面弄得乱七八糟。为了工作，其他的他们全然不顾。

（5）将所有文件分门别类的人

这类人不论是桌面上还是抽屉里，所有文件摆放得井然有序，整齐且干净。他们工作有条理，效率很高，是个很出色的员工。这类人在工作中有较强的责任心，凡事小心谨慎，严于律己，珍惜时间。这样的人虽然可以把属于自己的工作做得很好，但是他们适应能力较差，有一点墨守成规，对于突如其来的变故常常应接不暇，有时候会乱了阵脚，发生错误。

一位著名的心理学家曾表示：文件的摆放就像主人的名片，会透露主人的性格和心情，人们会不知不觉地以文件摆放透露的蛛丝马迹为依据，判断一个人的性格、工作状态等。同样，精明的老板只要向你的办

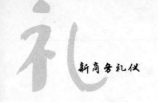

公桌瞟一眼，便对你的个性有了初步的了解。因此，应该像爱护肌肤一样对待办公桌，让你的办公桌整齐划一，利用办公桌帮你传达信息。

5. 脚部动作也会传达心情

在人们的交往中，最容易被人忽略的部位就是脚。殊不知，"脚语"这种语言比其他形体语言更丰富、更真实。有位著名的英国心理学家曾说过："我们通常只会注意人的声音、表情与手势，却忽略了我们的脚'说'了很多内容。通过观察一个人脚移动的方式，可以一窥此人的内心世界。脚也会'说话'，脚部的秘密语言在很大程度上能够表露我们的性格特征、情绪乃至心中的秘密。"

可见，若想了解一个人，不仅可以通过对方的语言，也可以通过对方脚部的一些动作来判断一个人内在的性情。下面我们就来分析一下常见的"脚语"：

（1）双脚自然站立，左脚在前

在中世纪的画作里，那些身份高贵的男主人公总是保持着这种稍息的姿势，因为这样的站姿可以让他们展示自己精美的鞋子和裤子。

在现实生活中，这种站姿的人性格往往比较内向，总是给人一种文静的感觉。工作中，他们喜欢墨守成规，不喜欢挑战新事物，更不喜欢冒险。生活中，他们的人际关系较为协调，为人忠厚老实，人缘极佳。他们喜欢安静的生活环境，性格温和，不过一旦碰上比较气愤的事，他们也会暴跳如雷。

（2）两脚并拢自然站立

两脚并拢自然站立，并将双手背在身后，这类人通常心思细腻、做事踏实稳重，堪称是领导眼中的重磅人物。不过，这类人在感情的处理上大多有些急躁。工作上，这类人比较好相处，也很少拒绝他人，所以通常都拥有较好的人际关系。

（3）两只脚踝相互交叠

生活中，如果经常将两只脚踝相互叠加的人，说明他们性格内向、思维缜密、为人坦诚、朋友缘极佳。当你和某人正在谈话时，对方出现这种动作，则说明这个人很有可能正在克制自己的情感，或因紧张、惶恐，或因着急、烦躁不安，都会出现这种姿态。一旦对方出现这种姿势，你应该想方设法改变现场气氛。这种动作经常发生在女性身上，这样的女性通常都比较害羞，不敢参加大的场面。

（4）一只脚跷起跨在椅壁上

这种动作通常表示怀疑或防范。生活中，如果一个人经常有这样的动作，则说明这个人自信心强、意志坚定。当你在与他人谈判的过程中，对方出现这种动作，那么你不得不防，他们出现这种动作很可能是产生怀疑或敌对心理。此外，还表示他们缺乏合作的诚意，对别人的需求漠不关心。

（5）双脚自然站立，偶尔抖动一下双腿

生活中，有些人喜欢双脚自然站立，双手十指相扣放在腹部，偶尔将脚跟抬起。这类人表现欲望较强烈，注重自己的外在形象，喜欢在大庭广众之下展露风头。这类人往往是某个派对和宴会的组织者，他们会为宴会安排好一切。通常，具有这种习惯动作的人都比较自私，而且有些吝啬，甚至有时他们会为了几毛钱和卖菜的大妈打"口水仗"。但是这类人并非没有优点，他们细心体贴、善于思考、思维创新、敢于挑战，甚至有时会提出一些意想不到的问题。

除此之外，如果一个女性站在男性追求者面前，将自己的一条腿伸

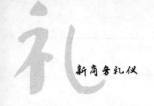

向前方，则表明喜欢这个男性；如果双腿交叉站立不动，则说明对这个男士不感兴趣。一个人如果心理处于紧张状态，通常两腿会不停地抖动，或者用脚轻轻敲打地面，或增加脚步移动来表达这种情绪。性格外向者脚部动作少，害羞者脚步移动相对频繁。自大傲慢的人通常会更好地控制身体，脚部动作也比较少。

生活中，很多人只感觉到了对方的脸部表情和手势表露出的心声，却未发觉双脚动作也能将人的心事一点点泄露出来。一般来讲，一个人可以戴上面具掩饰自己的面部表情，可以戴上墨镜掩饰自己的眼神，可以非常注意自己的手在做什么，却完全没有在意自己的脚在干什么。在泄露人的心理性情方面，脚部可算是全身最诚实的部位之一。因此，在交际中，我们要善于观察对方脚步动作，进而更好地把握对方的内心世界。

6. 开车细节透视品性

说到车，我们就不得不谈到开车。在我们看来，开车似乎就是把握好方向盘，知道前进倒车，还有熟知交通规章制度，不违章，不出车祸就足以了。说得没错，开车的动作千篇一律，但你是否细心观察过那些驾驶的人，他们驾车的方式是否相同？

无论是工作还是生活，阿峰给人的印象总是毛手毛脚、性子非常急。工作中，不是这里出点小问题就是那里出点差错，总不让领导省心。他不但做事大大咧咧，就连开起车来也胆大包天。前年刚把驾驶证拿下来那会儿，便开着他的那辆白色夏利到处"溜达"。年轻气盛的他，不管是前边有车还是旁边有车，都是猛踩油门加速超过去。

一次，阿峰开车去参加一个朋友的宴会，由于他行驶速度过快，前面突然出现一辆卡车，躲闪不及的他撞上了前面的卡车，当时就昏了过去，右边肋骨折了两根。幸好没有什么大碍，在医院休养了一段时间就出院了。现在，已经痊愈的他，只要提到开车，都会说："要是遇上别的车抢道，我能躲就躲着点。"

心理学家研究表明，从一个人驾车的方式完全可以看出这个人的个性如何。其实，一个人控制汽车与控制自己的方式有很多相似之处，他开车的方式实际上就是他内心的真实写照。一个人在方向盘后的举动，体现出了他每天的态度，而他们在方向盘上的态度，更是他们性格的折射。

（1）行车速度比规定速度慢的人——胆小怕事、缺乏自信

这类人最典型的特点就是胆小怕事，只要他们坐在方向盘后面便会觉得害怕，觉得自己无法操纵一切。但是别人的不断超越，却又会让他们情不自禁地产生嫉妒心理。因此，通常情况下，这类人都有较强的嫉妒心理，嫉妒那些超越自己的人。此外，他们缺乏自信心，适合做办公室职员，不适合自己创业，即使自己创业，在创业的过程中也可能会遇到一些挫折。

（2）按规定速度开车的人——诚实守信、思想保守

按规定速度开车的人，会严格遵守交通规则，基本保持速度的一致，把车当成了一种代步的工具而已。他们注重的是平稳和安全，而不是为了寻求某种刺激，因此，他们能够以平和的心态正常行驶。这类人大多为人诚实守信，做事认认真真、成熟老练，性格不急不慢、踏实稳

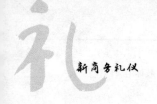
重，能够博得他人的赏识与信赖，所以，容易与他人建立良好的人际关系。但是，这类人思想保守，激情不足，缺乏冒险精神，规规矩矩地从事着自己的本职工作。他们也不会做没有把握的事情，更不会贸然行事。

（3）快速行驶的人——态度乐观、缺乏耐性

与行车速度比较慢的人相反，这种类型的人开车总是以最快的速度到达目的地，他们对生活的态度是积极、乐观的，不喜欢受他人约束，喜欢随心所欲的生活，只要自己活得快乐就好，更不喜欢别人为自己立下规矩。这样开车的男人多是急性子的人，做事缺乏理智，缺乏耐性，考虑事情不周全，因此，无论他们做什么都会让人担心。

（4）开车的时候不换挡的人——喜欢探索、有责任心

这类人不喜欢别人为他们的生活做规划，与之相反，他们喜欢自己探索一条完全属于自己的生活道路，即使遇到挫折，也能坦然面对。这类人通常都很有责任心，即使是一件不起眼的小事，他们也会尽职尽责地去完成。

（5）使劲按喇叭的人——性格外向、脾气暴躁

无论是遇到红绿灯还是碰到堵车的情况，有一种人总是喜欢使劲地按喇叭，这类人大多性格外向、脾气暴躁、易发怒。在生活中，只要遇到不愉快的事情，他们就会大喊大叫，甚至是大发脾气，让人难以接受。此外，他们缺乏自信心，随机应变能力也不是很强，遇到困难或挫折，往往不知所措。他们很少有心平气和的时候，通常以一连串的高声谩骂来表达心中的焦虑和不安，而这种情绪的产生可能并没有什么理由或原因。他们做事效率低，能力有限，即使没什么成就，但也总显得忙忙碌碌。

（6）绿灯一亮就急忙往前冲的人——思维敏捷、应变能力强

这类人头脑灵活、思维敏捷、随机应变能力较强。他们争强好胜，且习惯于凡事抢先一步行动，他们认为只有积极、有竞争力才能够成功。生活中，他们态度积极、乐观向上，但由于社会经验的不足，因而也会遇到一些小麻烦。

（7）绿灯亮后，从容发动车的人——沉着冷静、小心谨慎

这类人，性情沉稳、做事谨慎，总是要等到有把握的时候才会行动。生活中，他们做事小心谨慎，总是期望以最小的付出得到最大的回报，给自己带来的损失越小越好。他们性情沉稳，经常思考，因而做事成功的机会也更大。

男人与车总有很多的故事，女人亦是如此，人与车之间的关系变得如此的紧密相连。从不同的角度可以体现出一个人的个性，观察一个人开车的方式，更可以探析到他们真实的性格特点。总之，如果你能了解他人与车的故事，便自然深入地了解了他们的内心。

7. 习惯动作与性情

有生活就会有习惯，有习惯就会有好坏之分，生活中每个人都有好习惯和坏习惯。好习惯有可能让你踏上更高的台阶，而坏习惯很有可能成为你成功的绊脚石。

事实上，习惯不但能够影响一个人的事业，更能反映这个人的性格特点。心理学家莱恩德说："人们日常做出的各种习惯行为，实际反映了客观情况与他们的性格间的一种特殊的对应变化关系。"一个高中没毕业的男子去某单位找工作。这位男子平时就有一个习惯，总会挤眉弄眼，当面试官第一眼见到他的时候，看见他挤眉弄眼，还以为自己身体

的哪个部位有什么异常，以为这位男子是在给他做暗示。在整个面试过程中面试官总是感觉很不舒服，结果可想而知，这位男子当场就被淘汰掉了。

但是总的来说，挤眉弄眼的人本身的性情还不是很坏，只是缺乏内涵修养。只要对他们了解的人，大多会觉得他们是值得交往的。而且他们在事业上也很有上进心。

事实的确如此，在举手投足间可以反映出一个人的性格和心态。既然如此，身在社交场上的我们不妨通过这些不经意间的小动作来观察、了解以及认识一个人。

（1）喜欢掰手指关节

有一种人无论什么时候，总喜欢将自己的手指关节掰得咯吱作响，这类人通常都精力旺盛、身体健康、富有朝气。这类人无论是对生活，还是对工作都很挑剔。他们一旦发现了自己喜欢做的事情，会不计任何代价且脚踏实地地努力工作。

（2）喜欢敲打头部

在生活中，人们往往会因为做错某件事，或者是因为后悔而情不自禁地轻轻敲打自己的头部。这种习惯动作，往往传递的是懊悔、自责之情。当你碰上某人有这种举动的时候，千万不要再用言语刺激他了，否则会雪上加霜，让对方更加自责。

记得赵本山和范伟曾经表演的小品《功夫》中，就有这样一个镜头，范伟拍着自己的额头说："哎呀呀，防不胜防啊！"小品中，范伟已经连续两次被赵本山忽悠，这一次还是被忽悠了，范伟都觉得很懊恼，所以轻轻敲打自己的额头，体现出的是他的自责之情。

（3）到处张望

无论是开会还是两个人交谈的时候，有一些人总是喜欢到处东张西望。这类人大多性格开朗，善于社交。他们不喜欢稳定的工作，甚至有些喜新厌旧，不过，他们通常对新事物都充满了好奇之心，并且有很好的适应新事物的能力。总体上来讲，这类人的个性特点是爱憎分明、表里如一，因此，他们往往都拥有较好的人际关系。

（4）经常性摇头

摇头或者是点头，这种习惯动作是我们生活中最常见的，也是最不被关注的。因为正常情况下，只要我们对事物表示认可就点点头，反之则摇摇头。但是除了摇头或者点头外，还有种人经常摇头晃脑，这类人一般都缺乏素养，而且不会在乎别人的看法。

（5）挤眉弄眼

无论是自己一个人，还是在大庭广众之下，有些人总是肆无忌惮地挤眉弄眼，在这里不排除有人天生就有这方面的缺陷。如果不是因为自身原因，总是喜欢挤眉弄眼的人，一般比较轻浮，缺乏内涵修养。但这类人在工作中还是很有上进心的，只要和他们深交，便会发现其实这类人很值得交往。

（6）耸肩

喜欢耸肩、摊开自己双手的人，对生活看得很开，态度积极乐观，对生活表现出一副无所谓的样子。正是因为他们这种积极的心态，才让他们更好地享受人生，更好地创造幸福的生活。整体上来说，这一类型人的优点是想象力丰富、富于创新、心胸开阔、待人热情。

（7）两手插在口袋里

习惯于将两只手插在口袋里的人，一般做事都小心谨慎，没有经过

周密地思考是绝对不会做出决定的。无论是在工作中还是在生活中，他们都很害怕失败，所以做什么事情总是缩手缩脚。并且，工作中他们又比较缺乏灵活性，瞻前顾后的性格最终导致他们在事业上很难成功。

习惯是人们无意识的表现动作，一个小小的习惯性动作，能够很好地体现出对方的"心理地图"。因此，在社交场上我们若想要更多地了解对方的心理特点，让自己不会吃太多的亏，那么就需要仔细观察每个人的习惯性动作。同时，你也应该注意一下自己的习惯，不要让习惯出卖了你。

8. 点菜也能点出隐藏的修为

日常生活中的一些小习惯或者小举动，往往也会透露出人的性格秘密。这些小习惯往往隐藏在生活的各个角落。比如，现在人们经常在一起吃饭、聚餐，大家总要点菜，而点菜这个小细节也能反映出人的性情。

小茉毕业于北京一所高校，在一家事业单位工作，工作稳定，收入也不错，是很多人羡慕的对象。一张漂亮的脸蛋再加上开朗的性格，小茉成为很多男孩子追求的对象。

不过，小茉并没有那么容易就把自己低价倾销出去。大学毕业几年了，小茉还是不急于找一个男孩子过生活。更让人奇怪的是，当家人给小茉介绍男孩子的时候，她总是喜欢与男孩子在饭店约会。用小茉的话说，通过男孩子点菜的细节能看得出来他的情况。

因此，这几年来小茉在餐桌上拒绝了很多男孩子。在她印象中，这些男孩子要么没有主见，要么就是性格比较软弱。其实，小茉的想法很有道理。

一般来讲，在点菜的时候，有的人会因为面子等问题而故作姿态，但更多的人在点菜的时候，还是难免"真情流露"。也因此，只要我们细心观察、仔细揣摩，即使点菜这件普通的小事情，一样可以帮助我们观察一个人，了解他的内心世界以及性格特征。

（1）点菜时犹犹豫豫的人

这类人一般为人比较谦虚谨慎，做事一丝不苟，他们总是将安全放在第一位。他们通常能够真诚地听取别人的劝说，但很容易忘掉自己的观点，这是他们过分地考虑对方的立场所导致的。因此，与这类人相处的时候一定要主动。

（2）先说出自己想吃的菜的人

这类人往往胸襟开阔，为人豪爽，不拘小节，即使是难以启齿的事，也能够若无其事地说出来。不过，生活中他们有时说话会很尖刻，但一般不会被人嫉恨。这也可能与他们直爽的性格、不拘小节的个性有关。

（3）喜欢先请店员说明菜品情况后再点菜的人

一般来讲，这类人自尊心强，做事喜欢发挥自己的主观能动性。他们讨厌别人的指挥，因此，在做任何事之前，总是坚持自己的主张。

（4）总是点与别人不一样的菜的人

这类人对自己很有自信，做事特立独行，他们不喜欢盲目地附和或顺从别人。从点菜中可以看出来，他们为了表现自己的与众不同，往往会点一些新式菜，来与他人进行区分。

他们生活态度乐观积极，不希望别人忽视自己，而且独立性很强，好表现，有一定的个人英雄主义倾向。不过他们也因此缺乏团队意识和

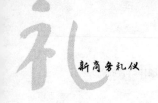

合作精神，这是他们性格中比较大的缺点。

（5）喜欢点与别人同样的菜的人

这类人往往具有普遍的从众心理，他们做事慎重，对自己的想法往往缺乏自信，经常会忽视自我的存在，容易受他人的影响，顺从别人的意见。在生活中，这类人是典型的耳根子软的人。

（6）先点好菜，再视周围情形而变动

这类人为人小心谨慎，在工作和交友上也是一样犹犹豫豫。这类人给人的印象是软弱的。他们往往太拘泥于细节，缺乏掌握全局的意识。不过，这类人往往想象力丰富，思维也比较敏捷。

点菜一个看似普通不过的生活小细节，却隐藏着这么多不为人知的性格秘密。可见，识人的细节无处不在，只要你仔细去观察，总能发现对方性情的端倪。因此，在吃饭点菜之前我们要善于观察分析点菜之人的性情内幕，只有在知己知彼的情况下，才能更好地与对方交往。

9. 抽烟方式反映真实内心

众所周知，抽烟有害健康，但许多人依旧我行我素。人们抽烟的最终目的大多是为了缓解自己紧张的情绪。其实，抽烟的方式也能流露出一个人的性格特点。因此，我们如果想要更加全面地了解对方，不妨观察他们抽烟的方式，因为抽烟这个动作会赤裸裸地将他们内心真实的想法呈现在众人面前。

（1）喜欢抽外国烟的人——爱慕虚荣

这类人比较爱慕虚荣，任何事都喜欢抢风头，以此来吸引别人的注意力。无论是生活还是工作，他们都喜欢追求完美。

（2）喜欢抽低焦油量烟的人——意志力不坚定

这类人意志力不坚定，他们明知道抽烟对身体有害，想把烟瘾戒掉，但是又控制不住自己想抽烟的欲望，所以选择低焦油含量的烟。这类人通常做事缺乏果断力，工作中他们不肯，也不会轻易地放弃什么，总是想采用居中的办法使事情得以解决，但往往因为这样而让自己失去了很多机会。此外，他们一旦遇到挫折，总会找很多客观原因来为自己寻一条退路。

（3）喜欢抽手卷烟的人——有耐心、固执

在很久以前，由于经济不景气，所以很多人都选择抽手卷烟来缓解自己的经济压力，因此，抽手卷烟便自然成为当时的一种风气。而现在，由于经济水平不断增长，人们渐渐地开始用过滤烟嘴的香烟将手卷烟取而代之。但当前，我们仍可以发现很多人喜欢抽手卷烟，而且不乏一些年轻的男性也喜欢抽手卷烟。喜欢抽手卷烟的老年人，可能是因为习惯所致，而对于喜欢抽手卷烟的年轻人来说，则可能是对手卷烟比较热衷，喜欢手卷烟的"劲儿大"。这类人有耐性，但比较固执，不会轻易接受他人的建议，也不会轻易改变自己的主意。

（4）喜欢用烟嘴抽烟的人——不自信、表现欲强

生活中，这类人一般比较缺乏安全感与自信心，而且还有强烈的表现欲望。社交场上，他们与人接触的时候总是要保持一定的距离，因为只有这样做他们心里才会有安全感。生活中，他们经常让人感觉做事很老练。而实际上，这只不过是他们故意营造出的一种假象，以此来混淆视听。所以，无论生活还是工作中，与这类人相处一定要小心谨慎，多加防备。

（5）食指与中指夹住烟的人——做事稳重、性格随和

这是一种最为普遍的拿烟方式，这类人性格稳重，为人处世老练，办事小心谨慎，考虑事情全面。他们善于社交，为人随和，人际关系处理得相当不错。不过这类人往往缺乏果断力，做事常犹豫不定。

（6）竖起大拇指托住下巴，食指与中指夹住烟的人——善良、顽固

这类人通常心地善良，待人忠厚，值得朋友信赖。不过，这类人通常不喜欢将自己的情感表露出来，也不喜欢别人走入他们的内心，同时他们也不愿意走入别人的生活。因此，与这类人相处你必须花费一些时间。

（7）用拇指、食指和中指捏着烟的人——头脑灵活、工作能力强

这类人大多有聪明的头脑，做事有条理，深得领导的赏识，不过，他们也会遭到来自同事的冷眼旁观和嫉妒心理。社交上，这类人似乎显得过于冷淡，很容易让人产生厌恶之情。

总之，一个人可能在其他方面将自己掩饰得很周全，但一个长期抽烟的人，我们只要通过他抽烟的方式，便可以看出他真实的性格和内心世界。因此，想要看清一个人的"庐山真面目"，不妨通过他的抽烟姿势来判断，这个看似微小的动作传达的信息却很丰富。

10. 闲谈中解读性情

通常情况下，在与他人交往的时候，人们都会为自己穿上一层厚厚的"保护衣"，对自己进行全面的伪装。只有在家里的时候，他才会卸下这件防护衣，因此，也只有他的家人才能看到他最真实的一面。不过，虽然对方穿了一件厚厚的"保护衣"，你要想了解他的真实内心，窍门还是有的。其实，你可以通过与他闲谈来了解他的内心。

第二次世界大战期间，东条英机出任日本首相。此事是秘密决定的，各报记者都很想探得秘密，竭力追逐参加决定会议的大臣采访，却一无所获。这时候，有位记者用心研究了大臣们的心理定式：大臣们不会说出是谁出任首相，但假如问题提得巧妙，即使对方不直接应答，也会不自觉地露出某种迹象，有可能探得秘密。

于是，他向一位参加会议的大臣提了一个问题："此次出任首相的人是不是秃子？"因为当时有三名候选人：一位是秃子，一位是满头白发，一位是半秃顶，这个半秃顶就是东条英机。在这看似无意的闲谈中，这位大臣也就放松了警惕，虽然他也没有给出具体的答案，但聪明的记者还是从大臣思考的瞬间就推断出最后的答案，因为大臣在听到问题之后，一直在思考半秃顶是否属于秃子的问题。记者从随意的闲聊中套出了他所需要的独家新闻。

众所周知，所谓闲谈就是谈一些无关紧要的话，没有中心话题，无话不谈。而闲谈正好是在对方没有任何防备的情况下展开的，因此，闲谈能够更好地看透一个人的心理，让对方既没有心理压力，也没有心理防线，而你刚好可以轻松地从语言的密码中破译对方的心态。

（1）以自我为中心

在现实生活中，有些人，无论与谁交谈，总愿意把话题转到自己身上，而且多半是对自己的赞扬以及炫耀自己的"光辉历程"，唯恐别人不知道他的光荣历史。这些人常常是以自我为中心，比较自私，并且炫耀性心理极强，但是这类的人心眼并不坏。要想和这类人交朋友，那么你要做好当倾听者的准备。

（2）制造谣言，传播谣言

在我们的身边也有这类人，他们是谣言的制造者和传播者，每天像

广播电台一样不停地播报消息。一些农村妇人经常三五一群坐在河边，一边洗衣服，一边散布她们所谓的小道消息。其实，这些妇女的本性是好的，这样做只是为了满足自己的虚荣心。

心理学家指出，喜欢散布和传播谣言的人，是想通过散布这些谣言来引起别人的注意和满足自己的虚荣心。事实上，他们的内心并不坏，只要被压抑的虚荣心获得满足之后，天下也就太平了。

（3）愿意发牢骚

在你的生活中，你是否碰到过类似于这样的情形：初次见面或者是刚认识不久，对方便对你抱怨自己的生活、工作或者是爱情不如意，总是想在一瞬间将自己的怨恨都发泄出来，而此时你正好就是他的倾诉对象。

事实上，这类人不值得你再深交下去，即使是成为好朋友，那么你最多是他的一个倾诉者，他只是把你当成倾诉对象。当遇到这类人的时候，你最好保持沉默，做一个倾听者。这类人不能深交，一般情况下，他们都没有诚意。

（4）总是扮演倾听者的角色

在我们的生活中，有些人总是以倾听者的身份出现。在谈话中这类人不会谈及自己的事或自己身边的人，他们的话题反而是涉及别人的一些琐事。

这类人拥有灵活的头脑，无论在生活上还是在工作中，懂得随机应变，并且每件事都会处理得很完美。他们性情稳重、善解人意、心思细腻，因此，这类人通常都拥有较好的人际关系。

（5）经常变换话题的人

有些人，在说话的时候总是喜欢变换不同的话题，这类人善变，耳根子软，很容易被他人的思想所左右。此外，这类人自我意识强烈，说话从来都是直言不讳，很少顾及他人的感受，因此，他们常常会得罪很多人。

闲谈让人处于一种轻松的氛围内，自由畅谈，抛开严肃的态度，因此，闲谈是沟通感情、认识他人、读懂他人内心的最好的"武器"。

11. 言谈声调探察人心深度

众所周知，语言是日常生活中人们互相沟通和交流的工具和手段，声音能够向外界传递非常复杂的内心情感。但是不同的人，以及在不同的场合说话时，语调却大相径庭。由此看来，一个人说话声音的大小、音调的高低，同样可以透视一个人的心理活动。

《三国演义》对大家来说想必并不陌生，《三国演义》中人们喜爱的人物之一张飞，就是一个典型的"大嗓门"。他说话声如洪钟，性情粗豪、爽直、勇猛，因此深受历代读者的喜爱。

在《三国演义》中曾经就有这样一个场面：长坂坡大战中，曹操大军追赶而至，危急万分。这时，只见张飞立马桥头，厉声大喝："我乃燕人张翼德也，谁敢与我决一死战！"吼声如雷，将曹军部将夏侯杰惊得肝胆碎裂，跌于马下。曹操也回马而走。正是这一声吼叫，刘备的军队才侥幸得以逃脱。

生活中，不同个性的人说话音调都各不相同，因此，只要把握了一个人的说话声调，就能轻松地了解这个人的性格和心理，这样才能更加顺畅地沟通与交流。具体说来，人的言谈声调主要分为以下几种类型：

（1）说话细声细气者

这类人性格大多内向，为人处世小心谨慎，有时似乎略显底气不足。不过，他们大多都具有良好的文化修养，言谈举止温文尔雅，对人毕恭毕敬，因此，也很容易受到他人的尊重。

如果是男性，那么这类型的男人通常都是忠厚老实，耐心细致，并且富有同情心和爱心。

如果是女性，则比较贤惠，通情达理，善解人意，但是这类女性的缺点是有些多愁善感，甚至有时会显得优柔寡断。

（2）说话高声大气者

在日常生活中，人们总会碰见这样一些人：说话的时候声音很大，不了解情况的人还以为要打架呢。其实，这类人就是天生的大嗓门。他们通常性格比较粗犷，做事直截了当，从不会拐弯抹角。但是这类人的缺点是自以为是，从不在意别人的眼光，并且比较固执，缺乏耐心。他们一旦受到了委屈，会显示出毫不示弱的架势，而且会尽力挽回。此外，这类人有充沛和旺盛的精力，他们始终能够保持强烈的自信心。在艺术方面也很有天赋，具有一定的欣赏品位和鉴赏能力。生活中，他们待人热情、诚恳；工作中，能够脚踏实地、恪尽职守。

（3）说话音调平和者

说话语气平和，音调略显微弱，这类人性格温和，为人处世比较谨慎。同时，他们学识丰富，思维比较缜密，言谈举止大方，待人接物显得很谦恭。这类型的人因为性格温和软弱，因此，总是胆小怕事，遇到问题不敢面对，而且对外界复杂的事物总是采取逃避的态度。所以，只要他们身边能有一位积极向上的人对其进行指导，一定会成为一个刚柔并济的人物，做出一番大事业。

（4）说话果断有力者

有些人说话果断有力，声音响亮而干脆，性格刚毅坚强。这类型的人办事讲究原则，是非分明，公正无私。通常情况下他们都比较重情义，但是往往因为原则性很强，反而会让人觉得不近人情，让人误认为不善沟通，过于顽固。但实际上，这类人心地善良，为人忠厚老实。

（5）说话犀利刻薄者

有些人说话时心直口快，从来都不考虑他人的感受。在双方交谈的过程中，这类人一旦抓住对方言语的漏洞，就会毫不留情地攻击到底，从不顾及对方的感受，让对方颜面扫地。这类人很难把握大局面，也很难交到知心的朋友。

（6）说话凝重深沉者

说话声音低沉，并带有沧桑感，这类型的人通常都胸怀壮志，对人情世故看得非常透彻。但是他们在为人处世方面似乎显得并不是很圆滑，因此，不会得到重用。由于抱负很难得到施展，于是会变得更加的消极与低沉。

（7）说话声音颤抖者

有不少人在大庭广众之下发言都有过声音颤抖的经历。这类人心理素质差，容易怯场，并且性格内向、害羞。如果在平时的交谈当中经常说话声音颤抖的人，则多是内心自卑，缺乏自信，心理承受能力比较差。

（8）说话前先清喉咙者

有些人在说话前总是习惯先清一下自己的喉咙，这类人多半是因为

自己紧张和不安的情绪所导致的。如果他们是在开口之前清喉，则说明他们想通过这个看似并不起眼的小动作来掩饰自己内心的恐惧和焦虑。如果在说话过程中偶尔出现一两次清喉现象，则很有可能说明因为长期说话导致的口干舌燥。如果在说话的过程中故意清喉咙，则很有可能是一种提示的表现，也可能是为了表达自己内心的某种情绪或者不满的心理。

从某种程度来看，一个人音调的抑扬顿挫，不仅反映一个人的说话语气，更体现出这个人内心的感情色彩。总之，一个人音调的变化，语气的改变，能够充分体现一个人内心的动荡，将这个人真实的一面透明化。因此，当你与他人交流时，不妨多关注对方的声调变化，发现和掌握说话者内心的真实个性和动向。不过，需要强调的是，人们在不同场合，对不同的谈话主题，都会产生或多或少的差异。因此，我们在识别、了解一个人的时候，还要根据实际情况随机应变，不要过于教条、一概而论。

第三章

形象显示你的内涵

商务人士的穿着打扮应当合乎身份，庄重、朴素、大方。因为商务人士的服饰直接关系到别人对你的第一印象，并且在一定程度上体现着自身的教养与素质。规范衣着打扮，可以塑造良好的第一印象，因为7秒钟的时间就可以决定对方对你的第一印象，所以，你的形象价值何止百万！

1. 商务人士着装搭配的最佳原则

商务人士在着装搭配方面，主要应遵循以下三个原则：

（1）服饰素雅

商务人士要如何做到服饰素雅，具体来说，有以下五个方面。

①搭配准：服饰应注重搭配之道。从某种意义上讲，一个人的服饰之美关键在于和谐，而服饰的和谐则主要源于精心的搭配。

②款式雅：款式的素雅庄重为基本特征。如果款式过于前卫、招摇，会让人对商务人士产生轻浮的印象。

③质地好：在经济条件允许的情况下，商务人士的服饰应尽量选用质地精良的。以正装为例，一般应选用纯毛、纯棉或高比例含毛、含棉面料，而忌用劣质低档的面料。

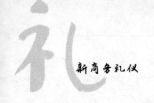

④做工精：不必选择名牌货、高档货，但对其具体做工应予以重视。如果服饰做工比较差，则会有损于商务人士的整体形象。

⑤色彩少：色彩宜少不宜多，图案宜简不宜繁。切勿穿那些色彩鲜艳抢眼、图案繁杂不堪的服饰。

（2）服饰庄重

在讲究美观的同时，商务人士在选择服饰时，要注重雅致。如果想达到高雅脱俗的效果，就要坚持朴素大方和合适得体的原则。具体来说，要做到五"不"。

①不过分透视：在正式场合的着装，不可过于单薄透明。不管在何时，商务人士都不能将内衣透视在外，甚至令人一目了然。

②不过分炫耀：所佩戴的饰物，应当以少为妙。不提倡商务人士在工作场合佩戴高档的珠宝首饰，或是过多的金银首饰，否则就有张扬招摇之嫌。

③不过分紧身：紧身的服装，能显示着装者的身材，但商务人士在工作中显然是不适合这样的。

④不过分短小：不应以短小见长。在任何正规场合，背心、短裤、超短裙、露脐装等过分短小的服装，都难登大雅之堂。

⑤不过分裸露：着装不应过分暴露自己的躯体，要做到"五不露"，即不露胸、不露肩、不露背、不露腰、不露腿。

（3）服饰整洁

服饰整洁是人们对日常着装的基本要求，每一名商务人士自然也不可对此掉以轻心。商务人士的服饰整洁，要做到四"忌"。

①忌肮脏：在任何情况下，都不能让自己的服饰肮脏不堪。具体而言，既不应令其存在异物，又不应令其存在异味。

②忌褶皱：衣着以平整为美。如果服饰出现很多褶皱，则要及时更换，或熨烫平整之后再穿，否则便难有服饰整洁可言。

③忌乱穿：在穿衣服、戴首饰时，必须遵守它们既有的规范性做法。不能随心所欲地将它们乱穿、乱戴。

④忌残破：一旦服饰出现残破，则要及时对其修补或更换。听任自己衣着褴褛、服饰缺损，甚至以此为荣，是不明智的做法。

在商务往来中，得体着装的四大原则：

第一，要和所处的环境相协调。当人置身在不同的环境、不同的场合，应该有不同的着装，要注意穿戴的服装和周围环境的和谐。比如，在办公室就需要穿着正规的职业装或商务休闲装。比较喜庆的场合如婚礼、纪念日等可以穿着时尚、潇洒、鲜亮、明快的服装；悲伤场合如葬礼、遗体告别等，参加者的心情是沉重而悲伤的，所以要素雅、肃穆。

第二，要和身份、角色一致。每个人都扮演不同的角色、身份，这样就有了不同的社会行为规范，在着装打扮上也自然有规范。如果你是柜台销售人员，就不能过分打扮自己，以免有抢顾客风头的嫌疑；如果你是企业的高层领导，衣着就不能随心所欲，等等。

第三，要和自身条件相协调。要了解自身的缺点和优点，用服饰来达到扬长避短的目的。所谓扬长避短，重在避短。比如，身材矮小的适合穿造型简洁明快、小花形图案的服饰；肤色白净的，适合穿各色服装；肤色偏黑或发红的，忌穿深色服装；肤色偏黄的，最好不要选和肤色相近的或较深暗的服装，如棕色、深灰、土黄、蓝紫色等，它们容易使人显得缺乏生机，等等。

第四，要和着装的时间相协调。只注重环境、场合、社会角色和自身条件而不顾时节变化的服饰穿戴，同样也不好。想要穿戴得

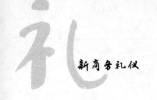

体，在色彩的选择上也应注意季节性。如春秋季节适合选中浅色调的服装，如棕色、浅灰色等。冬季可以选偏深色的，如咖啡色、藏青色、深褐色等。

2. 男士着装礼仪

（1）西装的选择

男商务人士西装通常应以稳重的颜色和款式为主，款式以合身为宜。主要从下面几个方面入手：

①颜色：对于正装颜色的选择，当今国际通行的是三色原则，即在正规场合、穿着正规服装的时候，全身上下的衣着，应当保持在三种颜色之内。这样，会使正装色彩显得简洁、规范，有助于保持正装庄重、保守的风格。最标准的套装颜色为黑色、灰色和蓝色。作为商务人士，如果西装颜色的选择不合宜，很可能引起非议。1983年，里根总统访问欧洲四国，因为穿了一套格子西装，在舆论界引起轩然大波。因为按惯例，总统在正式外交场合应该穿黑色西装。由此可见，商务人士在一些重要场合要注意着装的选择。

②款式：西装的款式可分为两件套和三件套。两件套西装包括一衣一裤；三件套西装包括一衣、一裤和一件背心。三件套西装比两件套西装更正式一些。

③尺寸：在选择西装时，要充分考虑自己的身高、体形，最好是订做。一般来说，理想的裤长是当一个人站立时，前片裤脚刚好碰到皮鞋面为最适宜。

此外，还要注意西装平整、清洁，西装外衣袋不放物品，衣服上不能带商标，衣袋中不装太多东西。

（2）领带的选择

男士在正规场合穿西装都应戴领带。选择领带时，应使领带的宽度与自己身体的宽度成正比，不要反差过大。领带最好选用真丝面料，优雅且四季皆宜。

领带颜色：蓝色、灰色或深红色的素色领带比较百搭。斜纹领带：带有果断权威、稳重、理性的感觉。圆点领带：中规中矩但没有压迫感。不规则图案领带：活泼生动，具有随意性，适合宴会、酒会类的社交场合使用。

（3）腰带的选择

西装裤皮腰带的前方显露于外，必须雅观、大方。一般来说，腰带应该是真皮制成的，颜色以黑色为佳，棕色或暗红色也可，应与鞋相配。同时考虑到搭配问题，皮带扣一般不要选红色，金属色皮带扣应与配饰同色。

（4）鞋袜的选择

在正式场合，穿西装必须穿皮鞋，不能穿旅游鞋、轻便鞋或布鞋，否则不伦不类。皮鞋以黑色为佳，偶尔也可穿咖啡色的。皮鞋要上油擦亮，不能蒙满灰尘。袜子应及小腿中部，颜色以深色为宜。

3. 女士着装礼仪

女性在商务场所着装应注意以下几点：

（1）质地、颜色

女士西装套裙一般是两件，由上身的西装上衣和下身的半截裙组成。有时是三件套，即加上一件背心。面料以精纺花呢或其他高档毛料为佳，讲究平整、滑润、柔软、挺括，做工要求精致，以体现女士追求

完美的意向。

从西装套裙的质地、颜色讲，以衣裙同质、同色为郑重。常见的颜色有藏青、铁灰和黑色。裙装颜色的选择，应当考虑到个人的年龄、肤色等诸多因素。

西装套裙的上衣、下裙以及衬衫，在颜色配搭上同样遵循三色原则，以免杂乱。比较隆重的场合，西装套裙最好不带图案。

（2）款式、尺寸

女士西装上衣虽然与男士西装上衣大体一样，但是衣领的款式远比男士西装复杂得多，常见的有 V 字领、一字领、圆状领等。至于纽扣也花样翻新，既有单排式样，也有双排式样；既有明扣，也有暗扣；有的只一粒，有的则多达 10 粒。女士西装纽扣，必须一一扣好。

一般来说，西装套裙上衣不宜过长，过长则显得拖沓。下裙不宜过短，超过膝盖，达到小腿肚为宜。

（3）穿着、配搭

一套质地优良、做工精细的西装套裙，长短肥瘦适中，才可充分体现女性身体的柔美曲线。上衣袖长度，以盖住手腕为佳。

女商务人士的西服套装由于适合于商务场合，而非交际场合，所以强调的是着装者工作干练和敬业精神，而不突出女性俏丽的容颜。佩戴配饰也应当遵照商务原则，在工作岗位上不佩戴，或至多佩戴项链、戒指。

（4）仪态、风度

着西装套裙，应注意举止庄重、文雅，行走时步履要稳，步距不可过大，不可奔跑；站立时双脚分离不可过宽，同时也忌双腿交叉，不要倚靠他物；就座后双脚并拢，稍斜向后收，不可跷二郎腿，不可盘坐；

上身应挺直，双手可叠放在膝盖上。

4. 不同场合的穿着规范

整洁、美观、得体是商务人士着装的基本礼仪规范。具体来说，既要与自身的形象相符，也要与出入场所相符，更要与着衣色彩相符。

（1）衣着应与自身形象相符

商务人士的自身形象有两层含义，一是所从事的工作的职业形象；二是自身的身材长相。由于商务人士的职业特性的要求，在穿着方面应表现出稳重、大方、干练、富有涵养的商务人士形象。

（2）衣着应与出入的场所相符

不同的场合有不同的气氛，在社交场合的穿着大致可分为礼服和便服两种。礼服主要是出席正式、隆重、严肃场合的着装，如西服、中山服、旗袍或民族着装。便服主要是在一般场合、日常社会交往中的穿戴，相对可随意一些，各式短衣、衬衣、皮衣等都可。

（3）特定场合的穿着应遵守礼仪常规

①办公时的着装。商务人士大量的工作时间是在办公室度过的。办公室工作穿着要整齐、稳重、大方。上班时不能穿短裤、运动服，在办公室不得穿超短裙。

②宴会、记者招待会等场合的着装。通常商务人士出席这类较为隆重、正规的社交场合，着装应讲究。男性可穿颜色深一点的西装，加上白色的衬衣和领带。女性可穿套裙或旗袍，颜色以高雅艳丽为宜。

③会见、访问时的着装。气氛较活跃时，可穿套装，也可穿色彩、图案活泼的服装，如花格呢、粗条纹、淡色的服装。

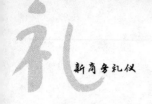
5. 仪容修饰： 商务人士的名片

君子正其衣冠，尊其瞻视。君子要衣冠整齐，这样才能受到别人的尊重。良好的仪表仪态，会让人如沐春风，感觉易于相处。下面，我们就来看看，有哪些仪表仪态是商务人士需要注意的：

（1）仪容从脸部说起

商务人士应面容干净，眼角、耳朵、鼻孔、指甲等处需清洁干净。具体要求如下。

①头发

洁净无头屑，整齐，不染发，不做奇异发型。此外，男商务人士还要注意前发不覆额、后发不及领、侧发不盖耳。

②眼睛

无眼屎，无血丝。眼镜明亮洁净，不戴墨镜或有色眼镜。女性不画过浓眼影，不贴假睫毛。

③耳朵

内外干净，无耳屎。男性不戴耳环。

④鼻子

鼻孔干净，鼻毛不外露。

⑤胡子

不留长胡子，不留八字胡或其他怪状胡子。胡子应刮干净或修整齐。

⑥嘴

牙齿洁白，口中无异味，女性不用深色或艳丽口红。

⑦脸

洁净，无明显粉刺。女商务人士在重要场合可化淡妆。

⑧脖子

不佩戴项链或其他饰物。

（2）商务人士"美颜"注意点

面部美化是仪容修饰的重点。商务人士在修饰面容时，基本的要求是端庄、大方、文雅、简洁。但对于不同人来说，面部美化也有所不同，女士可以化淡妆，但要注意自然、协调；而男士一般以整洁干净为基本要求，重点是修面剃须。

女性商务人士的仪容规范要求符合职业特点，以淡妆为宜。工作中略施淡妆，显得端庄美丽、稳重大方，切忌浓妆艳抹、过分修饰。女性商务人士化妆，不仅能美化自己，还能愉悦别人。一个妆面的完成是有一定的方法的。早上可在短短的三分钟内，采取四步化好妆。三分钟四步化妆法：打粉底；刷睫毛膏；画眉毛；上唇彩。

了解了快速化妆的步骤，那么该如何进行具体的化妆呢？下面介绍女性商务人士化妆的具体方法。

①统一肤色法

如果皮肤状态很好，可不打粉底，用一层护肤油即可。如果大部分的皮肤都很好，只有少数的痘痘等，可以稍稍用粉底把有瑕疵的地方遮盖一下。如果整个脸的皮肤都不好，就需要全部打粉底。在脸上找出大面积的一致的肤色，以此找一种你需要的底色，将肤色做统一的调整。

②美化眼部法

在化妆中，眼睛的修饰非常重要，要想修饰好眼睛，最重要是刷好睫毛膏。

准备一支优质的睫毛膏和一个好的睫毛夹。将睫毛刷好后，一双栩

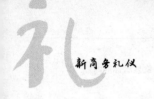

栩如生、神采奕奕的眼睛就呈现在别人面前了。如果不会画眼影、眼线，可以放弃不画；如果会画眼影、眼线，则注意千万不要画成了熊猫眼。

刷睫毛的时候，尽量选择黑色睫毛膏。新手学化妆，一开始涂睫毛膏时，可以选用小头的睫毛膏，容易化且不会沾上眼皮，熟练运用后，就可以换成大头的睫毛膏。正式上黑色睫毛膏之前，可以先涂一层睫毛底膏，既可以有滋润作用，还可以拉长睫毛。

③自然眉形法

画好眉毛，才会眉眼清晰。椭圆形脸最为完美，可配合各种自然眉形；圆形脸，由于脸形较圆且短，眉形宜上扬，有拉长脸形的作用；长方形脸，眉形应尽量地横向水平画，眉峰不要过高，加强面部的宽度感，削弱脸形的长度感；正方形脸，眉形宜往上提，但眉形要柔和；正三角形脸，由于腮部较大，眉形宜向上拉长一些，使眉眼展开，从视觉上减轻腮部的宽度；菱形脸，由于颧骨较大，为使颧骨减弱，在修整眉形时，让眉毛向上眉峰向外拉长。

④修脸腮红法

腮红可以增加面部红润，提升脸部清晰轮廓。腮红一般选用砖红色、橘色。

⑤唇部化法

唇部是提升女性亮点的好地方。唇部涂上唇膏、唇彩，可以更好地修饰唇形。

唇膏一般选用杏仁色、粉红色、深红色。漂亮完美的唇部是上下都很饱满的。唇色画好后是能看出光泽度的，但不要用红色的唇膏厚厚地涂在嘴唇上，那样看起来会像血盆大口一样可怕。

（3）手也是仪容的显示镜

手部能反映一个人的修养与卫生习惯，所以要经常注意手部的卫生，同时要注意及时修剪指甲。一般女士都会涂指甲油，以显示个人魅力，但要注意的是，商务场合女士要避免涂艳丽的指甲油，以免引起他人反感。

6. 体型如何与服装搭配

衣着得体不仅体现在不同的场合穿不同的衣服，更体现在穿与自己体型相宜的衣服。绝对优美、毫无缺憾的身材是没有的，因此，服饰色彩就成了人们首先用来显示体型特点、弥补某些体型缺陷的重要手段和工具。

巧妙地运用服饰色彩对人的体型扬长补短，或有意利用错视来制造新效果。首先要了解自己的体型，这对着装色彩效果是很重要的，因为它最终将体现着装者个人风格的最大优势。要确定形体类型，需要考虑的因素有身高、体型、围度，以及它们之间的比例关系。在需要减弱及缩小体积的部位，可采用收缩色；在需要强调及扩大体积的部位，可采用扩张色。其次，着装者还要确立"理想形体"的观点，这样才可能将自身形体同"理想形体、美的形体"标准进行对比，发现自身形体的优缺点。

同时，要善于发现自己体型中所具有的魅力，这样才能有的放矢地借助服饰色彩进行形象塑造，才能在着装时和着装效果上有一个较高的境界。在实际生活中，每个着装者不仅要按照这种"理想形体"去提高自己的构思境界，而且更重要的是要根据自身的现实条件，去寻找一种得体的形象，体现仪表仪容之美。

所以，我们在服装搭配时，一定要注重体型，每种体型有不同的服装搭配技巧。在选择各类服装时，需要先站在全身镜前注意一下自己的体型。最好在服装与自身的处理上既能掩饰瑕疵，又能增进自己的精神面貌。下面我们来了解一下体型分类：

（1）人体的体型及分类

体型是指人体外形特征和体格类型。体型所表达的是一个整体特征，这种特征可以将千差万别的形体类别化。不同的人具有不同的形体。

体型分为 H、A、Y、O、X 形，不同的体型，着装风格也不同。

（2）各种体型的服装搭配

①X 形体型人衣服的搭配

这种体型俗称"沙漏型"，对于女性来说，这是经典的、理想的、标准的体型。其特征是以细腰平稳上下身，胸与臀几近等宽。

这种标准体型，人体曲线很优美，无论穿哪种款、色的服饰都恰到好处。

②Y 形体型人服装搭配方式

对于男子来说，这是最标准、最健美的体型。穿着倒三角形的着装，可显示出男士的潇洒、健美。

然而，对于女性来说，这并不是一个优美的体型。这种体型肩部宽、胸部大，过于丰满，会使人显得矮，使臀部与大腿相形见绌，上身有一种沉重感。

这种体型的女性应该通过着装来改变现状，使自己显得高一些，轻盈一些。为此，选择服饰时，上衣最好用暗灰色调或冷色调，使上身在视觉上显得小些，也可以利用饰物色彩强调来表现腰、臀和腿，避免别人的注意力集中到上部。上衣不宜选择艳色、暖色或亮色，也不宜选择前胸部有绣花、贴袋之类的色彩装饰。

（3）A 形体型人服装搭配方式

这种体型又叫"梨子形"，其特征是：小胸或胸部较平，窄肩，腰部较细，有的腹部突出，臀部过于丰满，大腿粗壮，下身重量相对集中，这样在整体上使下部显得沉重。

这种体型一旦发胖，其重量将主要集中在臀部和大腿上。为此，在选择服装时，可采用较强烈的细节色彩，将人们的视线引向腰以上的部位，可使之显得苗条。

下身可选用线条柔和、质地厚薄均匀、色彩纯实偏深的长裙，上下身服饰色彩反差不宜过小，并扎上一条窄的皮带，这样就能避免别人视线下引，造成视觉体型上匀称之效果，或者下裙用较暗、单一色调，配以色彩明亮、鲜艳的有膨胀感的上衣，就能达到收缩臀部而扩大胸部的视错效果，再加上领线处可挂大饰物以转移视线，就会显得体型优美丰满。

（4）H 形体型人服装搭配方式

这种体型特征是：上下一般粗，腰身线条起伏不明显，整体上缺少曲线的变化。

服装搭配时，可以通过颈围、臀部和下摆线上的色彩细节来转移对腰线注意的视线。同时，也可采用色彩对比较强的直向条纹的连衣裙，再加一条深色宽皮带，对比强烈的直向线条造成的视觉差与深色的宽皮带造成的凝聚感，能消除没有腰身的感觉，从而给人以洒脱轻盈之感。

（5）O 形体型人服装搭配方式

这种体型不宜穿色彩太艳丽或大花纹、横纹等服饰，这样会导致体

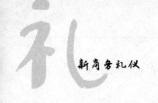

型向横宽错视方面发展。适宜穿深色、冷色小花纹、直线纹服饰，以显清瘦一些。色彩上忌上身色深下身色浅，这样会增加人体不稳定感。

商务人士可通过选择与自己体型相符的服装使整体显得美观，如通过对服装的调整在视觉上拉长腿部长度，或使肩部变宽或变窄等，这样不但规避了自己的体型弊端，也显示出得体之美。利用不同的款式分割线、面料纹样、色彩因素对不同体型加以修饰，可以实现得体美观，为每一位商务人士加分。

7. 商务发型的搭配与设计

（1）圆脸的发型搭配

圆脸形的特征为圆弧形发际，圆下巴，脸较宽。圆脸形女士最好选择头顶较高的发型，留一侧刘海，宜佩戴长坠型耳环。圆脸形男士的发型最好是两边很短，顶部和发冠稍长一点，侧分头，将头顶发吹得蓬松一点，显得脸长一些。

（2）方形脸的发型搭配

方形脸的女性一般前额宽广，下巴颧骨突出，人显得木讷，不具备女性的柔美，应采用波形来弥补有棱角的感觉，突出脸部的竖线条，促使脸型变圆或椭圆。如果选择长发，最好是将全发烫成柔软的大波浪，在脸周围形成松松的感觉。如果选择短发，在流行的齐颈垂发上加入不同层次，发势前梳，包覆部分脸庞，使脸感觉变小，整个人看起来活泼。发尾前梳，覆盖住两边面颊，可以掩盖下巴骨骼的突出。如果往后梳，千万不要打薄，厚厚的发层能使两边脸颊显得纤弱。

（3）长形脸的发型搭配

长形脸的特征是：眼睛到嘴角的距离长，额头露出较多，容易看起来显老。长脸形的人最好采用二八分头或一九分头。在发式选择上避免垂直长发或短发，这会显得老成而且呆板，无形中进一步拉长了脸部长度。选用蓬松式发式最为恰当，尤其鬓边的厚度蓬松可以很好地掩盖脸颊的瘦长。

（4）菱形脸的发型搭配

菱形脸的特征是：前额与下巴较尖窄，颧骨较宽。发型设计应当着重于缩小颧骨宽度。最适合的发型是靠近面颊骨处的头发尽量贴近，面颊骨以上和以下的头发则尽量宽松。刘海要饱满，这样可以使额头看起来较宽。

（5）三角形脸的发型搭配

三角形脸的特点是：窄额头和宽下巴。在发型设计上应让前额从视觉上变宽，把太阳穴附近的头发弄得宽和高一点，以平衡下颚的宽度，尽量把刘海剪高一点，使额头看起来高一些。避免下巴附近头发太多，这款发式上半部有动感，下半部稳稳垂下，能在一定程度上纠正脸型的不均衡感。

在商务往来中，商务人士的头发必须保持健康、秀美、干净、清爽、卫生、整齐的状态。要真正达到以上要求，就必须在头发的洗涤、梳理、养护等方面做好基础工作。

就梳理自己的头发来讲，商务人士有必要注意下列三点：

第一，选择适当的工具。梳理头发，不宜直接使用手指抓挠，而应当选用专用的头梳、头刷等梳理工具。主要标准是不会伤及头发、头皮。外出上班时，商务人士最好随身携带一把发梳，以备不时之用。

第二，掌握梳理的技巧。梳理头发，不但是为了将其理顺，使之成型，而且也是为了促进头部的血液循环与皮脂分泌，增强头发与头皮的

生理机能。要做到这一点，就必须掌握必要的梳理技巧。例如，梳头时用力要适度，不宜过重、过猛；梳子与头发可形成一定的角度，以促使头发的形状起伏变化；梳子应向某一个方向同向运动，不宜一再循环往复，等等。

第三，避免公开的操作。梳理头发是一种私人性质的活动。他人所了解的，应当是其结果，而不是其过程。若是当众理衣鬓，在外人面前梳理自己的头发，使残发、发屑纷纷飘落的情景尽落他人眼底，是极不合适的。

8. 饰物的选择与佩戴

一身美观大方的服装，如果有与之相协调、配套的饰物搭配，便起到了画龙点睛的作用，使整个打扮更加完美。饰物不仅能展现佩戴者的审美、欣赏能力，而且还能反映他的文化素养，有助于突出个性。

饰物根据作用不同，大致可以划分为两大类：装饰类和实用类。耳环、手镯、戒指、项链、胸花等属于装饰类。鞋子、袜子、帽子、腰带、皮包等属于实用类。饰物与服装搭配得当，可使人锦上添花；搭配不当，则成了画蛇添足。饰品的特点是体积小，效果明显。功能是点缀、美化整体形象。因此，选用饰品主要原则是有利于表现整体形象。如果集美丽、昂贵的饰物于一身，珠光宝气，刻意堆砌，皮包、腰带、帽子满身披挂，这并不是美，只会让人见物不见人，掩盖了独具特色的自然美，破坏了整体形象的和谐。

首饰的佩戴要注意场合，参加晚会或外出做客时，可佩戴大型胸针、带宝石坠的项链、带坠的耳环等，在灯光下会显得更加美丽；平日里可戴小型的胸针、串珠、耳环等；从事劳动、体育活动及出席会议，应尽量不佩戴首饰。

佩戴首饰要与服装及本人的外表相协调。一般穿着考究的服装时，才能佩戴昂贵的首饰；服装轻柔飘逸，首饰也应玲珑精致；穿着运动装、工作服时不宜佩戴首饰。胖脸形的女士不宜戴大耳环；戴眼镜的女士不宜戴耳环；圆脸形的女士项链加上一个挂件，有使脸形拉长的效果。佩戴首饰要注意其寓意及习俗。项链是平安、富贵的象征，要根据身材和个性特点，选择适当的款式和色彩。戒指是首饰中最明确的爱情信物，戒指的佩戴是无声的语言，能够表明你的婚姻状况：戒指戴在食指上表示求婚；戴在中指上表示已在恋爱中；戴在无名指上表示已订婚或结婚；戴在小指上则强调我是独身，并且近期不打算恋爱。手镯一般戴在右手上，只有成对的手镯才能同时戴在手腕上，镶宝石的手镯应紧贴在手腕上部，戴手镯时不应同时戴手表。

鞋、帽、围巾、腰带、提包、手套等物品，本来是以实用性为主，但随着人们对衣着审美品位的提高，这些物品的装饰作用越来越受到重视。围巾和帽子对服装的整体美影响很大，围巾、帽子与服装风格一致，可以使整体形象更加和谐。在冬季，人们穿着服装色彩较暗，可以用颜色鲜艳的围巾和帽子点缀，使整个形象生动、活跃起来。同样，假如服装颜色很艳丽，可以用颜色素雅的帽子、围巾来求得一种色彩的平衡。帽子对脸形的影响最为直接，圆脸的人适合戴宽边的帽子；脸窄的人适合戴窄边帽；方脸人可选择圆尖型的帽子，忌戴方形帽子。腰带的选择要与衣服、身材相协调。女性要想使自己看上去修长，应选用和衣裙同色的腰带；如果个子高，但腰围窄，就应系与衣裙织物不同、颜色不同的宽腰带。男子要想使自己在社交场合穿着显得更优雅、体面，可以给自己配上一条好腰带。

手提包的选择也要酌情而定，身材高大的女性宜背大提包；身材苗条或矮小的可背中小提包；身材丰满的女性忌背圆形包；粗腰女性宜背低于腰线的包。手提包的颜色要与服装的颜色协调，夏季宜提小巧玲珑且色调明快的小包，冬天宜提大包，颜色可深重一些。皮包或革制包宜在白天使用，草编的手提包可搭配运动衫或棉布便装，可背挎在肩，显得潇洒自如。

手套的选择要注意以下几点：

第一，根据所穿衣服的颜色、类型选择手套。手套的选择要与个人年龄、气质相协调。同时，与人握手谈话时，必须首先摘掉手套。

第二，在吃东西、饮茶或吸烟时，应先脱下手套。

第三，不能把戒指、手镯、手表等物戴在手套外边。

第四，穿短袖或无袖上衣参加舞会或晚会时，一定不要戴短手套，交际场合女士可戴纱手套。

第五，手套应保持整洁。

9. 优雅的丝巾会使你锦上添花

丝巾在女性服饰搭配中起着举足轻重的作用。使用丝巾，如果能注意材质、尺寸、色彩、系法的正确搭配，就能使单调的服装起到画龙点睛之妙。

（1）丝巾材质的选择

丝巾因制成的材质、编织方法以及织线的种类不同，织成后的编织花纹也各不相同，看起来感觉也有很大差异。这些决定了丝巾的手感、质感、重量以及张力。而且，不同的丝巾还有不同的保养方法。因此，在挑选丝巾之前最好要掌握一些丝巾材质的知识。

①丝绸丝巾

丝绸质地的丝巾富有光泽且多带有自然的褶皱，看起来非常漂亮，且富有垂感，适合在正式场合佩戴。并且由于丝绸丝巾由天然材料制成，不会引起静电且保暖性好。丝绸丝巾虽然自己在家也可以清洗，但最好是送到洗衣店去洗。丝绸丝巾很容易被虫嗑，因此在收藏丝巾时一定不要忘了放防虫剂。

②棉丝巾

棉制丝巾透气、吸汗，最适合在春夏季节佩戴。棉料多用于制作具有民族风情的长丝巾，特点是适合作休闲打扮。草木染的棉制丝巾在清洗时会褪色，注意不要与其他衣物放在一起清洗，避免其他衣物被染色。

③毛丝巾

毛丝巾多用于制作披肩和围巾，在极少数情况下会被用来制丝巾。毛丝巾的特点是保暖性非常好，多用于搭配秋冬季节的服饰。相比较而言，羊毛制的围巾比较容易清洗，自己在家就可以清洗，且保养也很简单，但要注意清洗的方法，如果把方法搞错了，围巾就会缩水变小。毛料中，开司米、安哥拉兔毛、羊驼呢等高级纤维非常易变形，所以建议把这类制品的围巾送到洗衣店去清洗。

④麻丝巾

盛夏时节，麻制丝巾最受欢迎。不仅佩戴后感觉清爽，看起来也相当清爽，非常适合与夏装搭配。对长期处在空调环境中的女性朋友来说，麻制丝巾是必不可少的。但是麻制丝巾很容易起皱，所以在佩戴的时候要多加注意。

⑤化纤丝巾

聚酯、丙烯基和尼龙等化学纤维制成的丝巾很便宜，因而非常普

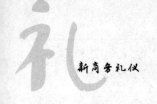

及。这类化学纤维制成的丝巾保养方法各不相同，选购时需要确认一下丝巾的材质。另外，因化学纤维存在特殊的用途，使得这类丝巾在某些场合也大受青睐。比如：有专门在运动时使用的化学纤维丝巾，吸汗易干，还有防晒用的 UV 化学纤维丝巾等，建议您根据使用用途的不同来选购这类丝巾。

⑥混纺丝巾

由两种或两种以上材料制成的丝巾称为混纺丝巾，通常都是为了形成材质独特的手感，或是为求染色容易些，或是为降低价格等。并且，也有用两种以上的线分别来织经线与纬线的丝巾。

（2）选择与脸形相配的丝巾

①圆脸形人应选择的丝巾

脸部较丰润的人，要想让脸部轮廓看起来清爽一些，关键是要将丝巾下垂的部分尽量拉长，强调纵向感，并注意保持从头至脚的纵向线条的完整性，尽量不要中断。

系花结的时候，选择那些适合个人着装风格的系结法，如钻石结、菱形花、玫瑰花、心形结、十字结等，避免在颈部重叠围系、过分横向以及层次质感太强的花结。

②四方脸形人应选择的丝巾

两颊较宽，额头、下颌宽度和脸的长度基本相同的四方脸的人，容易给人缺乏温柔的感觉。系丝巾时尽量做到颈部周围干净利索，并在胸前打出些层次感强的花结，再配以线条简洁的上装，演绎出高贵的气质。

③倒三角脸形人应选择的丝巾

从额头到下颌，脸的宽度渐渐变窄的倒三角形脸的人，给人一种严厉的印象和面部单调的感觉。此时可利用丝巾让颈部充满层次感，来一个华贵的系结款式，会有很好的效果，如带叶的玫瑰花结、项链结、青花结等。

注意减少丝巾围绕的次数，下垂的三角部分要尽可能自然展开，避免围系得太紧，并注重花结的横向层次感。

④长脸形人应选择的丝巾

左右展开的横向系法能展现出领部朦胧的飘逸感，并减弱脸部较长的感觉，如百合花结、项链结、双头结等。另外，还可将丝巾拧转成略粗的棒状后，系出蝴蝶结状，不要围得过紧，尽量让丝巾自然下垂，渲染出朦胧的感觉。

第四章

见面三分情，会面的诚和礼

在商务接待中，礼仪体现出的细节是展现商务人士严谨的关键所在，也是展现个人形象的最佳时机。所以在接待时，要特别注意握手、打招呼、肢体动作等小细节的礼仪。

1. 眼神微笑最美

商务活动中，人们的眼神受到文化的严格规范，即眼神礼仪的制约，如不了解，在公关交际中就会失礼。

第一，通常情况下不能对关系不熟或一般的人长时间凝视，否则将被视为一种无礼行为，这也是全世界范围内通行的礼仪。

大多数时候眼神的礼仪要求是，除了亲密的关系外（如恋人的长时间对视），凝视的对象只能是职业行为主体（如演员）或非人（如艺术作品）。

一般避免凝视可以采用以下方法：

①转移视线。视线自然飘动。

②失神。如在车上人群拥挤，不得不面对对方时，可以使眼神显出茫然失神、若有所思的样子，以避免失礼。

· 但同时凝视眼神礼仪也受文化的影响，不同国家、民族的人常为多看几眼、少看几眼而引起误解。如许多黑种人认为应避免直视对方的眼睛，而白种人则认为避免看他的眼睛是对自己不感兴趣的表示；大多数朝鲜人在请求对方时，总是通过看着对方的眼睛来知悉对方的真实想法，这样在遭拒绝时就不会失措，而日本人却认为看对方的眼睛是不礼貌的，只能看对方的颈部。

第二，与陌生人谈话，眼神礼仪是：眼睛看对方眼睛到嘴巴的三角区，标准注视时间是交谈时间的 30% ~ 60%，这叫"社交注视"。

但社交注视同样也受文化的影响，如美国人谈话时看对方眼睛的时间不超过 1 秒钟，而瑞典人则要长久地看着对方的眼睛才不失礼。与陌生人谈话的眼神礼仪除受文化影响外，还受性格、性别、综合背景条件的影响。

性格影响：性格外向的人比内向的人目光接触多，看的次数也多。但不能反过来推之。

性别影响：妇女谈话时看对方的时候多，而男人少些。女人喜欢对方时，就会多看几眼，而男人多看对方几眼给人的感觉更加主动和积极。

综合背景条件影响：人们感到舒适或有兴趣或高兴时，看对方的次数和时间会增加；感到羞愧、内疚、悲伤时减少；想要说服对方时，看对方的时间多些。

第三，眼睛注视对方的时间超过整个交谈时间的 60% 属于超时型注视，一般如此看人是失礼的，但以下情况例外：

①一方很天真，而对方很老成。

②正常社交状态下，对对方本人比对话题更感兴趣，如看望老朋友。

③谈判中目光对视，表示力量和自信。

④上司欣赏地看着下属时，表明他想知道更多的信息，并赏识下属的才干。

⑤看地位较高的人表示崇敬时。

第四，眼睛注视对方的时间低于整个交谈时间的 30% 属低时型注视，一般也是失礼的注视，表明他的内心自卑或企图掩饰什么或对人对话题都不感兴趣。

低时型注视在以下情况下是不失礼的：

①从少年的天真无邪期到青年期之间的过渡时期发生的特有现象。

②上司对下属看得较少时，表明下属工作很糟糕，不能让他满意。

③有较高地位的人与地位低的人交谈时。

第五，眼睛转动的幅度与快慢都必须遵循一个度，不要太快或太慢，眼睛转动稍快表示聪明、有活力，但如果太快则表示不诚实、不成熟，给人轻浮、不庄重的印象，如挤眉弄眼、贼眉鼠眼指的就是这种情况。但是，眼睛也不能转得太慢，否则就成了"死鱼眼睛"。鲁迅描写祥林嫂遭受巨大打击迫害后，眼珠许久才转一下，表示她已被迫害得头脑迟钝了。眼睛转动的范围也要适度，范围过大给人以白眼多的感觉；过小则显得木讷。

第六，恰当使用亲密注视。和亲近的人谈话，可以注视他的整个上身，叫亲密注视。亲密注视的使用是有限度的：

①不要对陌生人，尤其是陌生异性使用，否则是很不礼貌的。

②亲密注视时不能用斜视、俯视、藐视等眼神注视，否则也是失礼的表现。

③和亲近或陌生的人讲话时闭眼，给人印象傲慢或没有教养。

④在长辈面前的亲密注视，应注意目光略微向下，显得恭敬、虔诚；对待下级、孩子等的亲密注视，应目光和善慈爱，显出宽厚爱心；朋友之间的亲密注视，应热情坦荡。

2. 微笑温暖他人心

在与公众打交道的过程中，最主要、最经常使用的礼仪形式就是面带微笑。微笑是一门艺术。微笑的内涵和功能是巨大的。

见面时向对方颔首点头、真诚微笑是一种愿意接纳对方的表现，容易拉近彼此的距离。微笑是世界通用的语言，任何人面对善意的微笑，都能感受到对方传递过来的友好信息。

微笑能给人安定的感觉，让人产生亲切、温馨的情感，所以，千万不要吝惜你的笑容。作为商务人士，不一定要用那种非常职业化的笑，笑可以是更自然、更真实的笑，这样的笑容才是灿烂的笑容，它可以打开别人的心扉，令人如沐春风。

（1）微笑练习

①放松肌肉

微笑训练的第一阶段是放松嘴唇周围肌肉。又名"哆来咪练习"的嘴唇肌肉放松运动，是从低音"哆"开始，到高音"哆"，大声地、清楚地说三次每个音。

注意，不是连着练，而是一个音节一个音节地发音，为了正确的发音，应注意嘴型。

②给嘴唇肌肉增加弹性

微笑训练的第二阶段是给嘴唇肌肉增加弹性。形成笑容最重要的部位是嘴角。锻炼嘴唇周围的肌肉能使嘴角的移动变得更干练好看，也可

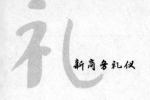

以有效地预防皱纹。

如果嘴角变得干练，整体表情就给人有弹性的感觉，所以不知不觉中显得更年轻。伸直背部，坐在镜子前面，反复练习最大地收缩或伸张。

张大嘴：张大嘴使嘴周围的肌肉最大限度地伸张。张大嘴时能感觉到颚骨受到刺激，并保持这种状态 10 秒。

使嘴角紧张：闭上张开的嘴，拉紧两侧的嘴角，使嘴唇在水平上紧张起来，并保持 10 秒。

聚拢嘴唇：在嘴角紧张的状态下，慢慢地聚拢嘴唇。出现卷起来的嘴唇聚拢在一起的感觉时，保持 10 秒。

保持微笑 30 秒。反复进行这一动作 3 次。

用门牙轻轻地咬住竹筷。把嘴角对准竹筷，两边都要翘起，并观察连接嘴唇两端的线是否与竹筷在同一水平线上。保持这个状态 10 秒。在第一状态下，轻轻地拔出竹筷之后，练习维持状态。

（2）形成微笑

微笑训练的目的是形成微笑。在放松的状态下，根据下文的方法练习微笑。练习的关键是使嘴角上扬的程度一致。如果嘴角歪斜，表情就不会太好看。练习各种笑容的过程中，就会发现最适合自己的微笑。

小微笑：把嘴角两端一齐往上提，给上嘴唇拉上去的紧张感。稍微露出 2 颗门牙，保持 10 秒之后，恢复原来的状态并放松。

普通微笑：慢慢使肌肉紧张起来，把嘴角两端一齐往上提，给上嘴唇拉上去的紧张感。露出上门牙 6 颗左右，眼睛也笑一点。保持 10 秒后，恢复原来的状态并放松。

大幅度微笑：边拉紧肌肉，使之强烈地紧张起来，一边把嘴角两端一齐往上提，露出 10 颗左右的上门牙，也稍微露出下门牙。保持 10 秒后，恢复原来的状态并放松。

（3）保持微笑

微笑训练的第三阶段是保持微笑，一旦找到令自己满意的微笑，就要维持那个表情 30 秒。

（4）修正微笑

虽然前面进行了认真的训练，但不能保证笑容达到完美，这就要找出问题的根源。

在微笑时，嘴角上扬时会歪，两侧的嘴角不能一齐上扬，这时利用竹筷进行训练很有效。若反复练习，就会不知不觉中两边一齐上扬，形成干练而老练的微笑。

微笑时露出牙龈的人，往往笑的时候缺乏自信，不是遮嘴，就是腼腆地笑。露出牙龈时，可通过嘴唇肌肉的训练来进行弥补。

（5）修饰有魅力的微笑

微笑训练的第五阶段，也是最后一个阶段，即修饰有魅力的微笑。伸直背部和胸部，用正确的姿势在镜子前面边敞开笑，边修饰自己的微笑。

微笑可以给人以一种亲切、和蔼、热情的感觉，加上适当的敬语，会使人感到亲切、安全。在商务场合，讲究严肃与庄重，所以此时的微笑不宜发出响亮的笑声。即使是爱笑的女士们也要特别克制，应当避免不论听到什么事情都笑个不停的习惯；而作为男士，即使是生性豪爽，经常开怀大笑，笑声"惊天动地"，在公众场合也是不合时宜的做法。

3. 问候有礼

见面问候是我们向他人表示尊重的一种方式。见面问候虽然只是打招呼、寒暄或是简单的三言两语，却代表着我们对他人的尊重。

在向他人问候时，我们需要注意以下几个方面：

（1）问候的内容

问候内容分为两种，分别适用不同场合：

直接式：所谓直接式问候，就是直接以问好作为问候的主要内容。它适用于正式的交往场合，特别是在初次接触的陌生商务及社交场合，如："您好""大家好""早上好"等。

间接式：所谓间接式问候，就是以某些约定俗成的问候语，或者在当时条件下可以引起的话题，主要适用于非正式、熟人之间的交往。比如："最近过得怎样""忙什么呢""您去哪里"等，来替代直接式问好。

（2）问候的态度

问候是敬意的一种表现，态度上一定要注意：

主动：向他人问候时要积极、主动。当别人首先问候自己之后，要立即予以回应，千万不要摆出一副高不可攀的样子。

热情：向他人问候时要表现得热情、友好、真诚。毫无表情，或者拉长苦瓜脸表情冷漠的问候不如不问候。

大方：向他人问候时要热情，必须表现得大方。矫揉造作、神态夸张或者扭扭捏捏，反而会给人留下虚情假意的坏印象。问候的时候要面带笑意，与他人有正面的视觉交流，以做到眼到、口到、意到。不要在问候对方的时候目光游离、东张西望，这样会让对方不知所措。

（3）问候的次序

在正式场合，问候一定要讲究次序：

一对一的问候：一对一，两人之间的问候，通常是位低者先问候，即身份较低者或年轻者首先问候身份较高者或年长者。

一对多的问候：如果同时遇到多人，特别在正式会面的时候，这时既可以笼统地加以问候，比如说"大家好"，也可以逐个加以问候。当一个人逐一问候多人时，既可以由尊而卑、由长到幼地依次而行，也可以由近到远依次而行。

4. 言行合一，彬彬有礼

言谈举止都是用来表达思想和感情的，作为一名优秀的商务人士，在接待宾客时，要把优美的语言与恰当的表情配合运用，同时以美的行为来博得宾客好评。

如果语言、表情和举止不协调，会让客人觉得商务人士言行不一，甚至产生质疑，失去客人对商务人士的信赖。

那么，如何做到语言、表情和行动的一致性呢？应该注意如下几点：

第一，说话要注意举止表情，商务人士的良好修养，不仅寓于优美的语言，而且寓于温文的举止和神态。因为人们的心情不仅由语言来表达，还要由眼、嘴的表情，腿、手的动作来配合。相由心生，音由心起，如果不是出自诚心，话说得再漂亮，对方也会感觉出来。人们的热情和微笑，往往可以弥补语言上的不足。曾有人说："微笑是打动人们心弦最美好的语言"，"笑脸相迎将使工作生辉"，是很有道理的。

商务人士在说话时，正确的表情、举止应当是：面向客人，笑容可

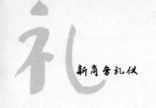

掬，眼光停留在客人眼鼻三角区，不左顾右盼，心不在焉；要垂手恭立，距离适当，一般以一米左右为宜，标准站姿；要举止温文，态度和蔼，能用语言讲清的，尽量不用动作，尤其不能指手画脚，要进退有序，事毕要躬身后退一步，然后再转身走开，以示对客人尊重，不得扭头就走，将背影留给客人。当然，这些都是最基本的要求，但却是获得良好的语言效果必不可少的知识。

第二，口齿清楚，音量适度。《弟子规》中有这么一句话："尊长前，声要低，低不闻，却非宜。"这就告诉商务人士，说话吐字清楚、嗓音悦耳，不仅有助于表达，而且可以给人以亲切感。如果口齿不清，会使人听了不舒服，甚至造成误解。

此外，音量适度也很重要，合适的音量，以能清晰地送达客人耳边为准，过高或过低都不好。有的商务人士在公共场所不管不顾地大声讲话，震惊四座，这样会使客人觉得太不文明。还有些商务人士，喜欢凑到客人耳边小声嘀咕，甚至把呼出的气喷到客人脸上，这些都是极不好的习惯，是不礼貌的行为，必须改正。

商务人士应该尽量避免与客人隔着很远打招呼、攀谈，看到客人从远处走来可以先点头示意，然后快步上前打招呼。遇到耳背的客人，可以略提高嗓音，简要作答，如有简介说明等文字材料，应尽量让客人自己看，免得打扰其他客人。

第三，保持口腔清洁。吃饭后牙齿上带着菜末，或是吃过葱姜蒜后直接与客人交流，是对客人的不尊重，同时也影响企业及个人的形象。

5. 自我介绍，讲门道

与会者来自各方，难免会遇到陌生人，这时就需要把自己介绍给对方，或者把别人介绍给对方。成功的介绍能够增进了解、促进交流，为将来的交往奠定良好的基础。

自我介绍时，应该包括以下要素：姓名、职务、单位、兴趣爱好、特长、经历、自我评价等。通过自我介绍，让对方对自己有个初步的了解，目的是将话题引向深入。

自我介绍的时间不宜过长，最好控制在一分钟之内。语言要简练，将有效信息在短时间内传达给对方。自我介绍时，要落落大方、不亢不卑，不要妄自菲薄，也不要狂妄自大，要实事求是地对自己进行评价。

介绍他人时，需要征求当事人的同意，选择恰当的时机为他人引荐，在介绍时，需要注意交际礼仪，按照尊者优先的原则，一般把职务低的人介绍给职务高的人，先把年轻的介绍给年长的，先将男子介绍给女子，先把未婚的介绍给已婚的，先把家人介绍给朋友、同学等，再把后来者介绍给先来者。介绍的内容，重点介绍特长和爱好。如果双方有感兴趣的话题，可以促进双方的了解，建立进一步的关系。

自我介绍：三要素缺一不可。

自我介绍要简明扼要，一般来说，讲清楚自己的姓名、职能部门和职位即可，也就是自我介绍的三要素。如果你的名字比较生僻，或者是同音、谐音容易发生混淆时，可以略加说明。如你姓张，避免别人误解为姓章，你可以解释是弓长张。

一般而言，商务礼仪的自我介绍具体分为以下 3 种形式：

（1）交流式

适用于社交场合，希望和对方有进一步的交流。这种介绍一般包括介绍自己的姓名、工作、籍贯、兴趣以及和交往对象的某些熟人的关系，如"你好，我叫孙洛，我在××单位工作。和你的同事张扬是老

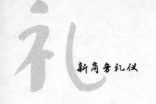

乡，都是东北人"。

（2）工作式

这种介绍适用于工作场合，包括介绍自己的姓名、职务和单位等，如"你好，我是刘超，是××单位的办公室主任"。

（3）礼仪式

适用于报告、讲座、庆典等一些比较正规的场合。这种介绍除了介绍自己的基本情况外，还要加一些谦辞，如"各位来宾，大家好！我叫刘萍，现在是××单位的办公室主任。我谨代表本单位热烈欢迎大家光临……"

6. 为他人介绍，也有道

在人际交往中，特别是指人与人的初次交往中，介绍是一种最基本、最常规的沟通方式，同时也是人与人之间相互沟通的出发点。

（1）介绍他人

介绍他人，亦称第三者介绍，是指经第三者为彼此之间互不相识的人所进行的介绍。

介绍他人时，最重要的是被介绍的双方的先后顺序。也就是说，在介绍他人时，介绍者具体应当先介绍谁、后介绍谁，非常有讲究。

标准的介绍是尊者居后，也就是位尊者有优先知情权。即为他人作介绍时，先要具体分析一下被介绍双方的身份的高低，应首先介绍身份低者，然后介绍身份高者。

包括以下情形：介绍长辈与晚辈相识时，应当先介绍晚辈，后介绍长辈。介绍外人与家人相识时，应当先介绍家人，后介绍外人。介绍女士与男士相识时，应当先介绍男士，后介绍女士。介绍上级与下级相识时，应当先介绍下级，后介绍上级。介绍客人与主人相识时，应当先介绍主人，后介绍客人……

（2）介绍集体

介绍集体，实际上是一种介绍他人的特殊情况，是指被介绍的两方不止一人的情况。介绍集体时，被介绍两方的先后顺序依旧至关重要。具体来说，又可分为两种基本形式。

①单向式：当被介绍的两方中，有一方是一个人，另一方为多人组成的集体时，可以只把个人介绍给集体，而不必再向个人介绍集体。

②双向式：被介绍的两方皆为由多人所组成的集体。在进行介绍时，双方的全体人员均应被正式介绍。在公务交往中，此种情况比较多见。常规做法是：应由主方负责人首先出面，依照主方在场者具体职务的高低，自高而低地依次对其进行介绍。接下来，再由客方负责人出面，依照客方在场者具体职务的高低，自高而低地依次对其进行介绍。

7. 奉茶，小细节大学问

以茶待客是日常社交中普遍的往来礼仪。因此，了解掌握好奉茶礼仪，不仅是对与会者的尊重，也能体现商务人士的修养。

（1）奉茶的方法

上茶应在主客未正式交谈前。正确的步骤是：双手端茶从客人的左后侧奉上。要将茶盘放在临近客人的茶几上，然后右手拿着茶杯的中部，左手托着杯底，杯耳应朝向客人，双手将茶递给客人，同时要说："您请用茶。"

（2）奉茶的顺序

上茶应讲究先后顺序，一般应为：先客后主；先女后男；先长后

幼。但如来宾比较多，且彼此之间差别不大，奉茶可采用下面4种方法：

①以上茶者为起点，由近而远依次上茶。

②以进入会议室为起点，按顺时针方向上茶。

③上茶时不讲顺序，或是由饮用者自己取用。

④在上茶时以客人的先来后到为先后顺序。

（3）奉茶的禁忌

尽量不要用一只手上茶，尤其不能用左手。切勿让手指碰到杯口。为客人倒的第一杯茶，通常不宜斟得过满，以杯深的2/3处为宜。

此外，上茶时要把握好续水的时机，以不妨碍会议的进行为宜，同时要注意不能等茶叶见底才续水。

8. 引导，让你的手势彬彬有礼

俗话说："心有所思，手有所指。"可以说，手势是最有表现力的一种体态语言。

手的魅力不亚于眼睛，甚至可以说手是人的第二双眼睛。手势的含义，或是发出信息，或是表达感情。能够恰当地运用手势表情达意，会为形象增辉。

手势表达的意义非常丰富，表达的感情也非常微妙复杂。如拍手称赞、拱手致谢、招手致意、挥手告别、举手赞同、摆手拒绝、手搂是亲、手捧是敬、手遮是羞、手抚是爱、手指是怒等。

商务人士的引领动作，主要有以下几种手势（以右手为例）：

（1）横摆式

将五指伸直并拢，手心不要凹陷，手与地面呈45度角，手心向斜上方。腕关节微屈，腕关节要低于肘关节。

动作时，手从腹前抬起，至横膈膜处，然后，以肘关节为轴向右摆动，到身体右侧稍前的地方停住。同时，双脚形成右丁字步，左手下垂，目视来宾，面带微笑。这是在门口处常用的谦让礼的姿势。

（2）曲臂式

当一只手拿着东西，扶着电梯门或房门，同时做出"请"的手势时，可采用曲臂手势。

以右手为例：五指伸直并拢，从身体的侧前方，向上抬起，至上臂离开身体的高度，然后以肘关节为轴，手臂由体侧向体前摆动，摆到手与身体相距 20 厘米处停止，面向右侧，目视来宾。

（3）斜下式

请来宾入座时，手势要斜向下方。首先用双手将椅子向后拉开，然后，一只手曲臂由前抬起，再以肘关节为轴，前臂由上向下摆动，使手臂向下呈一斜线，并微笑点头示意来宾。

9. 握手注意事项

握手是全球最通用的一种礼节，一般在相见、离别、会见、接待来宾或致谢时使用。握手是交流感情、沟通思想、增进友谊的重要方式。热情、文雅而得体的握手，能让人感受到愉悦、信任和接受，促进彼此间的交流。商务人士在握手时，应本着"礼貌待人、自然得体"的原则，灵活地掌握与运用握手的时机和技巧，以显示自己的修养和对他人的尊重。

因此，商务人士学习和掌握握手礼仪，应当从握手的方式、伸手的先后、相握的禁忌三个方面加以注意：

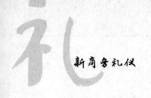
（1）握手方式

作为一种常规礼节，握手的具体方式颇有讲究。

①手位：手位在此特指手的伸法。标准做法是手尖稍稍向侧下方伸出，手掌垂直于地面，大拇指适当地张开，后面4根手指并拢。不可取的做法是掌心向下，似乎处于高人一等的地位。若掌心向上，在一般情况下表示谦恭，但是那样伸出手去不好看。

②神态：与来宾握手时，商务人士应当神态专注、认真、友好。在正常情况下，握手时应目视对方双眼，面带笑容，并且同时问候对方。

③姿势：与人握手时，一般均应起身站立，迎向对方，在距其1米左右伸出右手，握住对方的右手手掌，稍许上下晃动，并且令其垂直于地面。

④力度：一般而论，握手时，我们都是用一只手去握对方的另一只手，以手掌握着对方的手掌，而不是握着别人手腕。握手的最佳做法是稍微用力。职业外交官握手，一般强调握力在两千克左右最佳，就是要稍微使点劲，以表示热情友善。

⑤时间：握手的时间长短是很重要的。一般的握手时间在3~5秒，当表示鼓励、慰问和热情，握手的时间可以稍微延长，但是绝对不要长过30秒钟。

（2）伸手顺序

握手时，双方谁先伸手呢？通常是长者、女士、职位高者、上级先伸手，然后年轻者、男士、职位低者、下级及时与之呼应。男士和女士之间，绝不能男士先伸手，这样不但失礼，而且还有占人便宜的嫌疑。但男士如果已伸出手来，女士一般不要拒绝，以免尴尬。握手时伸手的先后顺序有时还有其特殊性，主要表现在接待客人时的宾主双方之间的握手。

刚才讲地位高者先伸手，是共性，是常规。特殊情况则是在接待客人时，主人先伸手，表示对客人的一种欢迎。

一般来讲，当一人与多人握手时，有以下几种排序方法：其一，由尊及卑；其二，由近及远；其三，顺时针方向前进。例如，大家围坐在一个客厅里面，某人是主人的话，第一个握手的通常是坐其右手边的人，因为一般主人的右手边坐的都是主宾，第一个要跟他握手，然后再按顺时针方向走。

（3）握手禁忌

握手最重要的禁忌是心不在焉，不看着对方，甚至是与旁边的人聊天，这样的握手不如不握。

忌伸出左手，尤其是在跟西方人握手时。在西方文化中，右是上位，是好的位置，而左是下位，是不好的位置。

不要在握手时另外一只手插在衣袋里或拿着东西，也不要在握手时不置一词或长篇大论。握手时不要点头哈腰，过分客套。不要在握手时把对方的手拉过来、推过去，或者上下左右抖个没完。

握手时还忌戴手套，只有女士在社交场合戴着薄纱手套可以不摘，一般用的御寒的手套一定要摘。男士在握手前先脱下手套，摘下帽子。

握手后不要立即揩拭自己的手掌。

10. 名片细节内涵多

对于那些经常需要对外沟通的商务人士，交换名片是必不可少的。而交换名片的时候应该注意哪些礼仪问题，才能给别人留下更好的第一印象，反映出一个人的修养呢？下面将详细讲解在递送名片时要讲究的

礼仪：

（1）名片的准备工作

多留意自己的名片是否够用：要随身携带一定数量的名片，当名片不够的时候要及时补充；不要在需要用的时候才临时找厂家印刷，这样容易耽误事。

名片的质量非常重要：名片要保持干净整洁，切不可出现褶皱、破烂、污损、涂改的情况。

名片的放置位置：最好准备专用的名片夹来放置名片，也可以放在公文包或上衣口袋内；切不可随便放置在钱包、裤子口袋内，以免在找名片的时候手忙脚乱，这样给别人的印象非常不好，也会显得做事情没有条理。

（2）递送名片

名片的递送也有其礼仪规范，并不是简单地乱发一通。那么在名片的递送中有哪些讲究呢？

观察意愿。名片要在交往双方均有结识对方并欲建立联系的情况下递送。这种愿望会通过"幸会""很高兴认识你"等一类谦语，及表情、手势等非语言信号表现出来。

把握时机。递送名片要把握时机，这样才会令名片发挥功效。递送名片一般应选择初识之际或分别之时，不宜过早或过迟。不要在用餐、唱歌或跳舞之时递送名片，也不要在大庭广众之下向多位陌生人递送名片。

讲究顺序。最佳的递送顺序是由近及远、按顺时针或逆时针方向依次递送名片。

先打招呼。递上名片前，应当先向接受名片者打个招呼，令对方有所准备。既可以先作一下自我介绍，也可以说声"能否交换一下名片"之类的提示语。

表现谦恭。对于递交名片这一过程，应当表现得郑重其事。要起身站立主动走向对方，面含微笑，上体前倾 15 度左右，以双手或右手持握名片，举至胸前，并将名片的正面面对对方，同时说声"请多多指教"或"欢迎来访"等礼节性用语。切勿以左手持握名片。

（3）接受名片

接受名片时，若随手接过名片并随意放置，这是非常失礼的行为。接受名片应该注意以下几点。

礼貌相迎。接受他人名片时，不论有多忙，都要暂停手中的事情，并起身站立相迎，面含微笑，双手接过名片。也可以用右手，但切不可用左手。

认真阅读。商务人员在工作中，经常会接待一些尊贵的客人，在接过名片以后，先向对方致谢，然后将其名片从头至尾默读一遍，遇有显示对方荣耀的职务、头衔时不妨轻声读出来，以示尊重和敬佩。若对方名片上的内容有所不明，可当场请教对方。

精心存放。接到他人名片后，切勿将其随意乱丢乱放、乱揉乱折，而应将其谨慎地置于名片夹、公文包、办公桌或上衣口袋之内，且应与本人名片区别放置。

有来有往。接受了他人的名片后，一般应当即刻回赠对方一张自己的名片。没有名片、名片用完了或忘带名片时，应向对方作出合理解释并致以歉意，切莫毫无反应。

（4）索要名片

商务人士在工作中，有时需要主动索要名片，在这种情况下，应先

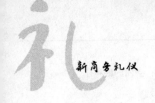

主动递上本人的名片，并委婉地索要名片。

向尊长索要名片，可以说："今后如何向您老请教"；向平辈或晚辈索要名片，可以说："以后怎样与您联系"。

当他人索取名片，而自己又不想给对方时，或者本身没有名片，应用委婉的方法表达此意，可以说："对不起，我忘了带名片"或者"抱歉，我的名片用完了"。

第五章

你在品食物的同时，别人在品你

举办宴会，要遵守一定的礼仪规范。除了要按照宴会礼仪规范要求，还要注意一些基本礼节。如邀请，正式宴会要及早发出请柬。如迎宾，在宾客到达时热情迎接，主动问候，引导入座或进休息室交谈。又如祝酒，举办宴会要准备祝酒词，祝酒词要简短明快，充满激情。通常在宣布开始或第一道热菜上来后致祝词、祝酒。

1. 注意餐桌吃相

吃相，也叫食相，指的是吃喝时的姿态和礼仪。吃相不但体现一个人的就餐习惯，更反映一个人的学识、教养等。作为一名商务人士，在饭桌上的吃相更加讲究。以下以中餐为例，教你如何在餐桌上有礼有仪，得心应手。

（1）用餐前

中餐宴席进餐伊始，服务员送上的第一道湿毛巾是擦手的，不要用它去擦脸。上龙虾、鸡、水果时，会送上一只小小水盘，其中漂着柠檬片或玫瑰花瓣，它不是饮料，而是洗手用的。洗手时，可两手轮流沾湿指头，轻轻涮洗，然后用小毛巾擦干。

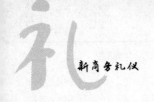

（2）宾客入席

客人入席后，不要立即动手取食。而应待主人打招呼，由主人举杯示意开始时，客人才能开始；客人不能抢在主人前面。夹菜要文明，应等菜肴转到自己面前时再动筷子，不要抢在邻座前面，一次夹菜也不宜过多。要细嚼慢咽，这不仅有利于消化，也是餐桌上的礼仪要求。决不能大块往嘴里塞，狼吞虎咽，这样会给人留下贪婪的印象。不要挑食，不要只盯住自己喜欢的菜吃，或者急忙把喜欢的菜夹到自己的盘子里。

用餐的动作要文雅，夹菜时不要碰到邻座，不要把盘里的菜拨到桌上，不要把汤泼翻。不要发出不必要的声音，如喝汤时"咕噜咕噜"，吃菜时嘴里"吧唧"作响，这都是粗俗的表现。不要一边吃东西，一边和人聊天。嘴里的骨头和鱼刺不要吐在桌子上，可用餐巾掩口，用筷子取出来放在碟子里。掉在桌子上的菜，不要再吃。

（3）用餐时

用餐时要注意文明礼貌。对外宾不要反复劝菜，可向对方介绍中国菜的特点，吃不吃由他。有人喜欢向他人劝菜，甚至为对方夹菜。外宾没这个习惯，如果你一再客气，人家可能会反感。以此类推，参加外宾举行的宴会，也不要指望主人会反复给你让菜。如果你想等别人给自己布菜，那就只好饿肚子了。

2. 宴席的座次

中国素有礼仪之邦之称，讲礼仪，循礼法，崇礼教，重礼信，守礼仪，是中国人数千年的传统。"不学礼，无以立"，礼的核心是人的社会行为规范，是中国民众已经习惯和风俗化了的社会性行为准则、道德尺度与各种礼节。所谓"礼节民心，让则不争"，"衣食既足，礼让以兴"，礼就是个人利欲心的节制和人群利益的调度。讲礼，就是要谦恭退让，"礼"与"让"往往相连，这就是"礼让"一词的由来和义释。

中国最早的礼和最普泛、最重要的礼就是食礼，"夫礼之初，始诸饮食"，用食来敬神，表明"礼"是极隆重的事，并且是起源很早的。礼是以个人的文化学识与心性修养为基础的。检验一个人修养的最好场合，莫过于集群宴会。因此，"子能食食，教以右手"（《礼记·内则》），家庭启蒙礼教的第一课便是食礼。而中国宴会繁缛食礼的基础仪程和中心环节，即是宴席上的座次之礼——"安席"。

那么，宴席礼仪到底有什么讲究呢？

（1）宴席不同方位的尊卑之分

餐桌上的座次一般主陪在面对房门的位置，副主陪在主陪的对面，1号客人在主陪的右手边，2号客人在主陪的左手边，3号客人在副主陪的右手边，4号客人在副主陪的左手边，其他可以随意（图5-1）。

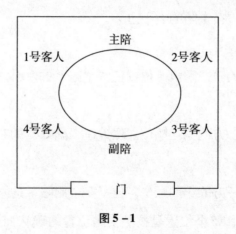

图 5-1

餐桌的位置基本就是这些，主陪、主宾、副陪、副主宾这四个位置也基本是一样的。以上主陪的位置是按普通宴席掌握，如果场景有特殊因素，应视情况而定。

若人多，可参照以下的规则：

①主陪位置

主陪是请客一方的第一顺位，即是请客的最高职位者，或陪酒的最尊贵的人。位置在正冲门口的正面。主要作用基本就是庄主，把握本次宴请的时间、喝酒程度等。

②副陪位置

副陪是请客一方的第二顺位，是陪客者里面第二位尊贵的人。位置在主陪的对面，即背对门口。这个位置更多的是带动客人喝酒。

③三陪位置

这个位置在主陪的右手边第二个位置。他的主要作用是跟主陪一左一右把主宾夹在中间，便于照顾。

④主宾位置

主宾是客人一方的第一顺位，是客人里面职位最高者或地位最尊贵者坐的地方。位置在主陪的右手边。

⑤副主宾位置

是客人一方的第二顺位。位置在"主陪"的左手边。

⑥三宾位置

副宾是客人一方的第三顺位。位置在"副陪"的右手边。

⑦四宾位置

副宾是客人一方的第四顺位。位置在"副陪"的左手边。

从上面看出，整个位置是按照主陪位置的确认而来的。那么如何确认主陪的位置呢？有两种办法。第一，根据餐巾的摆放。一般情况下，由于各地餐巾的折叠方式不同，从形状上很难区分。但主陪的餐巾折叠是最高的，或者主陪位置的餐巾颜色跟其他不同。第二，根据筷子。比较正规的酒店，主陪和副陪位置的筷子是各两双，俗称公筷。

（2）以右为尊的适用场合

以右为尊是国际上比较通用的位次排列法。其含义是：进行并排排列时，右高左低，即以右为上，以左为次；以右为尊，以左为次。一般在国际交往活动中，会安排客人坐在主人的右边，以示对客人的尊重。

遵守常规：行进、乘车、会客、会议、谈判、签约、宴会等位次排列均有规范。商务人员必须认真学习和领会，并熟练掌握。

礼让有度：讲究位次排列应适可而止，在不伤及国家、单位和个人尊严的前提下，当事人不宜过于计较，也不必过于谦让。

灵活应变：一般商务场合中，偶尔出现与常规稍有不符的情况，在不冒犯对方的前提下，可以不必拘泥，待适当时机再进行纠正。

（3）位次排列的基本规则

行进中并行时，内侧高于外侧，中央高于两侧，一般要让客人走在中央或者走在内侧；单行行进时，前方高于后方，如果没有特殊情况的话，应该让客人在前面行进。

上下楼梯时，宜单行行进，以前方为上，把选择前进方向的权利让给客人。男女同行时，上下楼宜女士居后。

客人不认识路的情况下，工作人员应走在客人左前方约 1.5 米处引领，并一边用手势示意，一边敬语关照。

出入房门，一般应由位高者先进、先出。门需向里侧推开或室内灯光昏暗时，陪同人员要先进去为客人开灯、开门。门需向外侧拉开时，出门时陪同人员要先出去为客人拉门导引。

双边谈判时，应使用长桌或椭圆形桌子，宾主分坐于桌子两侧。谈判桌横放，面对正门的一方为上，应属于客方（图5-2）；谈判桌竖放，应以进门的方向为准，右侧为上，属于客方（图5-3）。会议室的座次有如下两种安排：

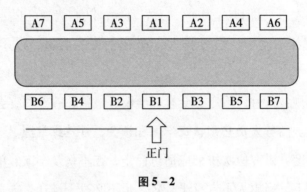

图5-2

注：A 为客方，B 为主方。

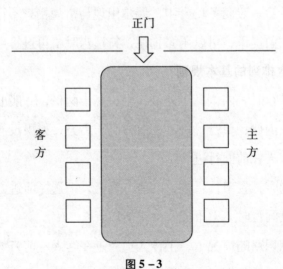

图5-3

会客时，宾主对面而坐，面门为上，面对房间正门者为客位，背对房间正门者为主位；宾主并列而坐时，以右为上，客人应坐在主人的右边；难以排列时，可自由择座。

会议主席台居中为上，以右为上，前排为上。职位最高者坐在前排中间，其他人员遵循右高左低的原则，依职位高低自近而远地分别在职位最高者的两侧就座。

签字仪式的签字桌应横放，双方签字者面门而坐，宾右、主左。双边仪式参加者列队站于签字者之后，中央高于两侧，右侧高于左侧，前排高于后排。签字双方主人在左边，客人在主人的右边（图5－4）。宴会中出现两张以上餐桌时，桌次排列居中为上，以右为上，以远为上（即离房间正门越远，位置越高）。餐桌上的座次，面门居中者为主人，主人右侧者为主宾，主左宾右分两侧而坐（有时也可交叉安排）。

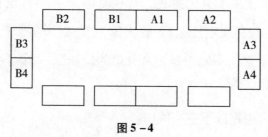

图5－4

注：A为主方，B为客方。

3. 中餐礼仪

中华饮食文化源远流长。中国自古为礼仪之邦，在讲究民以食为天的中国，饮食礼仪自然是饮食文化中的一个十分重要的组成部分。中国的餐桌礼仪始于周公，经过千百年的演进，形成今天大家普遍接受的一套饮食进餐礼仪，是古代饮食礼制的继承和发扬。

饮食礼仪因宴席的性质、目的而不同；不同的地区，也是千差万别。就拿中餐来讲吧，其中就有很多需要注意的礼仪。

（1）点菜礼仪

如果时间允许，应该等大多数客人到齐之后，将菜单供客人传阅，并请他们来点菜。当然，作为商务宴请，可能会出现预算的问题，因此，要多做餐前功课，选择合适档次的请客地点是比较重要的，这样客人也能大大领会你的意思。一般来说，如果是主方埋单，客人也不太好意思点菜，都会让主方来做主。如果主方的老板也在酒席上，千万不要因为尊重他，或是认为他应酬经验丰富，酒席吃得多，而让他来点菜，除非是他主动要求。否则，他会觉得不够体面。

如果是赴宴者，就应该知道，不该在点菜时太过主动，而是要让主人来点菜。如果对方盛情要求，可以点一个不太贵又不是大家忌口的菜。记得征询一下桌上人的意见，特别是问一下"有没有哪些是不吃的？"或是"比较喜欢吃什么？"让大家感觉被照顾到了。点菜后，可以请示"我点了菜，不知道是否合几位的口味"，"要不要再来点其他的什么"等。

点菜时，可根据以下三个规则：

一看人员组成。一般来说，人均一菜是比较通用的规则。如果是男士较多，可适当加量。

二看菜肴组合。一般来说，一桌菜最好是有荤有素，有冷有热，尽量做到全面。如果桌上男士多，可多点些荤食；如果女士较多，则可多点几道清淡的蔬菜。

三看宴请的重要程度。若是普通的商务宴请，平均一道菜在50～80元。如果宴请的对象是比较关键人物，则要点上几个够分量的菜，例如龙虾、刀鱼、鲥鱼，再要上规格一点，则是鲍鱼、翅粉等。

还有一点需要注意的是，点菜时不应该问服务员菜肴的价格，或是讨价还价，这样会让你在客户面前显得有点小家子气，而且客户也会觉得不自在。

①中餐点菜的三优四忌

优先考虑的菜肴：

有中餐特色的菜肴。宴请外宾的时候，这一条更要重视，像炸春卷、煮元宵、蒸饺子、狮子头、宫保鸡丁等，并不是佳肴美味，但因为具有鲜明的中国特色，所以受到很多外国人的推崇。

有本地特色的菜肴。比如西安的羊肉泡馍，湖南的毛家红烧肉，上海的红烧狮子头，北京的涮羊肉，在宴请外地客人时，上这些特色菜，恐怕要比千篇一律的生猛海鲜更受好评。

本餐馆的特色菜。很多餐馆都有自己的特色菜。上一份本餐馆的特色菜，能说明主人的细心和对被请者的尊重。

在安排菜单时，还必须考虑来宾的饮食禁忌，特别是要对主宾的饮食禁忌高度重视。

饮食方面的禁忌：

第一，宗教的饮食禁忌，这一点不能疏忽大意。例如，穆斯林不吃猪肉，并且不喝酒。国内的佛教徒不吃荤腥食品，不仅指的是肉食，而且包括葱、蒜、韭菜、芥末等气味刺鼻的食物。一些信奉观音的佛教徒在饮食中尤其禁吃牛肉，这点在招待港澳台及海外华人同胞时尤要注意。

第二，出于健康的原因，对于某些食品，也要有所禁忌。比如，心脏病、脑血管病、高血压和卒中后遗症的人，不适合吃狗肉；肝炎病人忌吃羊肉和甲鱼；胃肠炎、胃溃疡等消化系统疾病的人不适合吃甲鱼；高血压、高胆固醇患者要少喝鸡汤等。

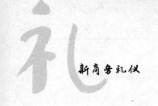

第三，不同地区，人们的饮食偏好往往不同。对于这些，还安排菜单时要兼顾。比如，湖南省的人普遍喜欢吃辛辣食物，少吃甜食。英美国家的人通常不吃宠物、稀有动物、动物内脏、动物的头部和脚爪。另外，宴请外宾时，尽量少点生硬需啃食的菜肴，外国人在用餐中不太会将咬到嘴中的食物再吐出来，这也需要顾及到。

第四，有些职业，出于某种原因，在餐饮方面往往也有各自不同的特殊禁忌。例如，国家公务员在执行公务时不准吃请，在公务宴请时不准大吃大喝，不准超过国家规定的标准用餐，不准喝酒。再如，驾驶员工作期间不得喝酒。要是忽略了这些，有可能使对方犯错误。

②中餐上菜的顺序

中餐的餐具主要有杯、盘、碗、碟、筷、匙六种。在正式的宴会上，水杯放在菜盘左上方，酒杯放在右上方。公用的筷子和汤匙最好放在专用的座子上。

中餐上菜的顺序一般是：先上冷盘，后上热菜，最后上甜食和水果。

（2）餐具使用礼仪

①使用筷子的礼仪

在中餐宴会中，筷子是必不可少的工具，也是体现中国传统饮食文化的重要载体。如果筷子使用不当，就会留下笑柄。因此，使用筷子，首先要方法正确。

正确使用筷子：一般应以右手执筷，以拇指、中指、食指三指的前部，共用捏住筷子的前方三分之一处。

使用筷子的禁忌：

一忌敲筷。在等待就餐时，不要坐在餐桌边，一手拿一根筷子随意敲打，或用筷子敲打碗盏或茶杯。

二忌插筷。在用餐中途因故需暂时离开时，要把筷子轻轻搁在筷架上或餐碟边，不能插在饭碗里。

三忌挥筷。在夹菜时，不能用筷子在菜盘里挥来挥去，上下乱翻，遇到别人也来夹菜时，要有意避让，谨防"筷子打架"。

四忌叉筷。筷子不能一横一竖交叉摆放，不能一根是大头，一根是小头。筷子要摆放在碗的旁边，不能搁在碗上。

五忌舞筷。在说话时，不要把筷子当作刀具，在餐桌上乱舞；也不要在请别人用菜时，把筷子戳到别人面前，这样做是失礼的。

六忌掷筷。在餐前发放筷子时，要把筷子一双双理顺，然后轻轻地放在每个人的餐桌前；距较远时，可以请人递过去，不能随手掷在桌上。

②中式小碗的使用礼仪

小碗主要用于盛放主食、羹汤，在正式的场合用餐时，用碗的礼仪主要有四点：

第一，不要端起碗来进食，特别是不要用双手端起碗来进食。

第二，食用碗内盛放的食物时，应以筷、匙加以辅助，切勿直接下手，或不用任何餐具以嘴吸食。

第三，如果是碗内有剩余食物时，不可将其直接倒入口中，也不能用舌头去舔食。

第四，暂且不用的碗不要放在桌上。

③使用勺子的礼仪

勺子又叫匙，在用餐时，用于舀取菜肴、流质的羹汤。有时，以筷子取食，也可以用勺子加以辅助。在一般情况下，最好不要用勺子单独

去取食物，用勺子取食时，不宜太满，以免溢出来弄湿餐桌或衣服，必要时，可在舀取食物之后，在原处暂停片刻，待汤汁不再流时，再移向自己享用。

使用勺子应注意以下四点：

第一，暂且不用勺子时，应置于自己的食碟上，不要把它直接放在餐桌上，或是把它放在食物上。

第二，食用勺子里的东西时，尽量不要把勺子完全放入口中，或反复吸吮它。

第三，用勺子取食物后，应立即食用，不要再次把食物放回原处。

第四，如果取用的食物过烫，不可用勺子折来折去，也不要用嘴吹来吹去。

④使用骨碟的礼仪

骨碟，又叫盘子，有些地方则称为碟子，在中餐中主要用于盛放食物。其使用方面的讲究与碗略同，盘子在餐桌上一般不宜多个搁在一起。

需要着重加以介绍的是，一种用途较为特殊的被称为食碟的盘子，食碟的主要作用是用来暂放从公用的菜盘里取来享用的菜肴，使用食碟时要注意三个问题。

不要将多种菜肴堆放在一起，也许它们会相克，互相串味，不仅不好看而且也不好吃。

不要一次取放过多的菜肴，这样看起来既烦乱不堪，又有欲壑难填之嫌。

食物残渣，骨、翅，不要吐在地上、桌上。注意不要让残渣与菜肴交错，搞得杯盘狼藉。

4. 西餐礼仪

随着中国经济的发展和社会的进步，西方饮食逐渐走进中国人的生活，那么，学习一些西餐的用餐礼仪就十分必要。

(1) 西餐点菜

无论是自己点菜还是帮客人点菜，都有必要了解西餐的点菜过程。全套的西餐上菜程序是头盘、汤、副菜、主菜。

头盘也称开胃品。内容一般有冷头盘和热头盘之分。常见的品种有鱼子酱、鹅肝酱、鸡尾杯等。开胃菜一般有特色风味，味道以咸酸为主。

西餐的汤大致可分为清汤、奶油汤、蔬菜汤和冷汤等。品种有牛尾清汤、奶油汤、海鲜汤等。

鱼类菜肴一般作为西餐的副菜。品种包括各种淡、海水鱼类，贝类及软体动物类。通常把蛋类、面包类、酥盒菜肴也称为副菜。

主菜，一般是肉、禽类等菜肴。肉类菜肴的原料取自牛、羊、猪等各个部位的肉，其中最有代表性的是牛肉或牛排。

可以说，点菜也是一门学问，在点菜时，我们还需要注意以下三点：

第一，点菜的时候要根据实际情况，不要点得太多，如果点太多吃不完反而是不礼貌的行为。

第二，点菜的时候也并不是一定从头盘开始点，可以先选一样最喜欢的主菜，再配上适合主菜的汤。

第三，点菜时会有精于品酒的调酒师过来，如果你不了解酒，可以告诉调酒师自己所选的菜色、喜爱的酒类口味，请其帮忙选择。一般主

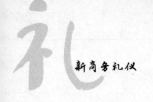

菜是肉类应选择红酒搭配，如果是鱼类最好搭配白酒。

席间交谈时，要注意千万不要使用粗话、脏话、黑话、气话，要说文明语言。语速要适度，口气要谦和，不要随便教育人、指责人。在谈话时，要避讳隐私、浅薄的话题。可以选择一些优雅、文明、格调高、脱俗的话题，切忌涉及个人隐私，诽谤别人，以及令人反感的主题，谈话时不要随便、心不在焉、爱理不理的，也不要哗众取宠。

（2）刀和叉的使用礼仪

商务人员在宴请外宾时，免不了要吃西餐，这就意味着放下筷子使用刀叉。那么，在西餐礼仪中，刀叉用法或拿法是怎样的呢？

①刀叉使用原则：刀叉的使用原则是"左手拿叉，右手持刀"。刀的拿法是：用手握住刀柄的尾端，以拇指抵住刀柄的一侧，食指按在刀柄上，注意食指不能触及刀背，其余3指则顺势弯曲，握住刀柄。叉子的使用和刀的使用方法相似，叉子在使用时，背面应该向上。在切菜时，手肘不要抬得过高或过低，刀与餐盘的角度保持在15度左右。

②刀叉的摆放：如果在用餐中途暂时休息片刻，可将刀叉呈"八"字形摆放在盘子中央。这样，即使你离开了，服务员也不会将你的盘子收走。用餐完毕后，把刀叉并列放于盘中，刀锋朝自己，叉背向下。这样，服务员就知道你已经吃好了。

③使用禁忌：如果是谈话，可以拿着刀叉，无须放下；但若需要做手势时，就应放下刀叉，切忌手执刀叉在空中挥舞，这是失礼之举。若刀叉掉落地面，可唤服务员来捡起，并为你更换一把干净的，这才符合西餐的餐桌礼节，不必自己捡起来擦干净后继续用。

（3）葡萄酒怎么喝才得体

葡萄酒在西方拥有古老的历史与文化，是目前世界上产量最大、普及最广的酒。怎样才能正确品饮一杯葡萄酒呢？

①葡萄酒酒杯的选择

杯子的形状会影响品酒时的气味，一般来说，红酒杯口径及杯肚较大，杯口宽而内缩，利于留住葡萄酒香、增加醒酒效果。白酒适合低温饮用，因此杯身及直径较小，以减缓回温。同时品饮红、白酒，一定要准备两种酒杯，避免干扰风味。

②葡萄酒酒杯的拿法

大多葡萄酒皆需稍微冰镇才能呈现最完美的一面，因此喝葡萄酒时应捏着杯脚或拿住杯座，千万别像喝威士忌一样握着杯身或托住杯肚，以免体温影响其纤细的风味。

③葡萄酒的嗅闻

轻轻摇晃酒杯，让酒液在晃动间释放隐藏的香气，将鼻子凑近酒杯嗅闻，捕捉其中丰富的花朵、水果、烤吐司或矿石等气息。

④葡萄酒的外观

首先对着灯光处或举杯于白纸前观察酒的色泽与澄澈度。品红酒时还可观察酒缘的微妙色晕，越清淡或越老的酒，酒缘越宽。稍稍晃动后还可观察酒液顺流下来的酒痕，越是浓厚的酒流动速度越慢。

⑤葡萄酒的品尝

大口含饮，并在嘴中略为轻漱，使酒液均匀散布在舌面、味蕾，充分体验酒的酸甜与口感的浓郁度，再缓缓吞下。喝的若是好酒，还能感受到绵绵尾韵。

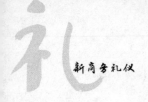

⑥品饮葡萄酒需注意的细节

葡萄酒应事先放在冰箱冷藏或于饮用前冰镇 10～15 分钟，不可放在冷冻区或加入冰块，破坏其风味。倒酒时，不需要拿起酒杯，酒瓶不可碰触杯缘，为了便于摇晃、发散酒香，倒酒时通常至 1/4～1/3 杯即可。

在商务交往中，了解西餐的礼仪和用餐习惯是十分必要的，得体的用餐礼仪不仅仅体现个人内在的修为，也代表着公司良好的形象。

5. 工作餐礼仪

工作餐是现代公务交往中经常采用的一种非正式宴请形式。一般由于事务较繁忙或日程安排紧张，而利用工作早餐、工作午餐或工作晚餐的时间边吃边谈。

（1）迎客

在正常情况之下，主方应当至少提前十分钟抵达用餐地点。稍事休整之后，在适当之处恭迎客人们的到来。如果主方因故不能提前到达就餐地点迎候客人，最好委托专人代表自己前往。必要时，主方还需要说明原因，并为此向客人致歉。

在迎候地点，宾主双方见面之后，应一一进行握手，并相互致问候。如果双方的人员不熟悉的话，双方的负责人还须对自己的随员一一进行介绍。

（2）用餐礼仪

一般来讲，工作餐仅求吃饱，而不是刻意要求吃好。工作餐的菜肴大可不必过于丰盛，它的安排应以简单为好。出于卫生方面的考虑，工作餐最好采用分餐制的就餐方式。

为不影响之后的工作，工作餐最好不安排烈性酒。

（3）席间的交谈

举行工作餐时，讲究的是办事与吃饭两不耽误。所以，在为时不久的进餐期间，宾主双方所拟议进行的有关实质性问题的交谈，通常开始得宜早不宜晚。不要一直等到大家都吃饱喝足了，方才正式开始交谈，那样一来，时间往往不够用。依照商务礼仪的规定，待主宾用毕主菜之后，主人便可以暗示对方交谈可以开始了。此刻，主人说一声"大家谈一谈吧"，道一句"向您请教一件事情"，皆可作为交谈的正式开始。在点菜后，上菜前，亦可开始正式交谈。有关各方在百忙之中共进工作餐，意在谈论正事，所以宾主在交谈之中不宜节外生枝，偏离正题。自己说话时，不要东拉西扯，插科打诨。别人说话时，则务必要认真倾听，既不要中途打岔，也不要与旁人七嘴八舌，心不在焉。

在交谈中，注意不要影响他人用餐。所以有必要讲讲停停，一张一弛。在别人用餐时，切勿毫无眼色地向其讨教。自己在讲话时，不要长篇大论，或是张牙舞爪、口水狂飞。

（4）用餐的终止

进行工作餐，必须注意适可而止。依照常规，拟议的问题一旦谈妥，工作餐即可告终，不一定非要拖至某一时间不可。

在一般情况下，宾主双方均可首先提议终止用餐。主人将餐巾放回餐桌之上，或是吩咐侍者来为自己结账；客人长时间地默默无语，或是反复地看表，都是在向对方发出"用餐可以到此结束"的信号。只是在此问题上，主人往往需要负起更大的责任。尤其是在客人需要"赶点"去忙别的事情，或者宾主双方接下来还有其他事要办时，主人更是应当掌握好时间，使工作餐适时地宣告结束。

当有人用餐尚未完毕，或是有人正在发表高论时，一般不宜提出终止用餐。就餐期间不告而辞，或者在中途借故离去，也是失敬于人的。

6. 自助餐礼仪

自助餐礼仪，是指人们享用自助餐时所需要遵守的基本礼仪规范。具体来讲，自助餐礼仪又分为安排自助餐礼仪与享用自助餐礼仪两部分。

（1）筹备阶段

在筹办自助餐时，有些规范性做法，具体包括备餐的时间、就餐的地点、食物的准备、客人的招待四个方面。

首先是备餐的时间。自助餐多见于各种正式活动之后，用以招待来宾的方式之一，但不宜作为一种正规的活动，故而举行的时间受到活动的限制。一般情况下，自助餐很少被安排在晚间举行，而且每次用餐的时间不宜长于一个小时。

只要主人宣布用餐，大家即可动手就餐。在整个用餐期间，用餐者可以随到随吃。自助餐完毕，不像正式的宴会那样必须统一退场，用餐者只要自己觉得吃好了，与主人打过招呼之后，可以随时离去。通常情况下，自助餐不用正式宣告结束。

其次是就餐的地点。自助餐的就餐地点，安排在室内外进行皆可。通常选择在大型餐厅、露天花园之内进行。在选择、布置自助餐的就餐地点时，有三点需要注意。第一，为用餐者提供一定的活动空间，这一区域，不要显得过于狭小。第二，提供数量足够使用的餐桌与座椅。第三，要使就餐者感觉到就餐地点环境宜人，不能在用餐期间让就餐者感到异味扑鼻、过冷过热、空气不畅，或者过于拥挤，显然这些都会影响到对方对此次自助餐的整体评价。

再次是食物的准备。在自助餐上，为就餐者所提供的食物，既要有其共性，又要有其个性。共性在于，为了便于就餐，以提供冷食为主；个性在于，为了满足不同人的不同口味，应当尽可能地使食物在品种上丰富多彩。

为方便就餐者进行选择，同一类型的食物应被集中在一处摆放。

最后是客人的招待。招待好客人，是自助餐主办者的责任和义务。要做好这一点，需要从下列环节着手：

第一，照顾好主宾。主要表现在陪同其就餐，与其进行交谈，为其引见其他客人，等等。注意给主宾留下一点自由活动时间，不要始终伴随其左右。

第二，充当引见者。在自助餐进行期间，主人一定要尽可能地为彼此互不相识的客人多创造一些相识的机会，并积极牵线搭桥，充当引见者。介绍他人相识时，必须了解彼此双方是否有此心愿，而切勿一厢情愿。

第三，安排服务者。在大规模的自助餐上，直接与就餐者进行正面接触的主要是侍者。其主要职责是：为了不使来宾因频频取食而妨碍了同他人进行交谈，主动向客人提供一些辅助性的服务。比如，推着装有各类食物的餐车，或是托着装有多种酒水的托盘在来宾之间巡回走动，听凭宾客各取所需。再者，可以负责补充供不应求的食物、饮料、餐具等。

（2）进餐阶段

在以就餐者的身份参加自助餐时，需要遵循一些具体的礼仪规范，主要涉及以下八点：

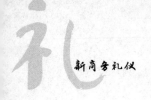

第一，排队取菜。在就餐取菜时，由于用餐者往往成群结队而来，大家都必须自觉地维护公共秩序，讲究先来后到，排队选菜。不允许乱挤、乱抢、乱加队，更不允许不排队。

第二，取菜顺序。在自助餐上，想要吃饱吃好，在取菜时就一定要首先了解合理的取菜顺序，然后循序渐进。按照常识，一般取菜时的先后顺序依次是：冷菜、汤、热菜、点心、甜品和水果。

因此，在取菜时，最好先在全场转一圈，了解一下情况，然后再去取菜。如果不了解这一合理的取菜的先后顺序，而在取菜时完完全全地自行其是，乱装乱吃一通，难免会使本末倒置，咸甜相克，令自己吃得既不畅快又不舒服。

第三，量力而行。对于自己喜欢吃的东西，只要不会撑坏自己，完全可以放开肚量，尽管去吃。这正是自助餐大受欢迎的地方。因此，在参加自助餐时，大可不必担心别人笑话自己，爱吃什么，只管去吃就是了。

不过，在根据本人的口味选取食物时必须量力而行。切勿将食物狂取一通，结果吃不了，导致食物浪费。严格地说，在享用自助餐时，多吃是允许的，而浪费则绝对不允许。为了避免浪费，自助餐就餐时采取少取原则。

第四，多次取菜。多次的原则是：在自助餐上选取某一种类的菜肴，允许其再三再四地反复去取。每次应当只取一小点，待品尝之后，觉得它适合自己的话，那么还可以再次去取，直至自己感到吃好了为止。

多次的原则与少取的原则其实是同一个问题的两个不同侧面。多次是为了量力而行，少取是为了避免造成浪费。所以，二者往往也被合称为多次少取的原则。

第五，避免外带。自助餐有一条不成文的规定，即只许在用餐现场里享用，而绝对不允许在用餐完毕后携带回家。在用餐时不论吃多少都可以，但是千万不要偷偷往自己的口袋、皮包里装一些自己的"心爱之物"，更不能要求侍者为自己打包。那样的表现，必定贻笑大方。

第六，送回餐具。自助餐在取用菜肴时以自助为主，而且还要求善始善终，在用餐结束之后，自觉地将餐具送至指定位置。有时可以在离去时将餐具留在餐桌之上，由侍者负责收拾。

第七，照顾他人。商务人士在用餐时的举止表现要严加约束，还须与他人和睦相处，对他人多加照顾。在对方乐意的前提下，向其提出一些有关选菜的建议。不过，不可以自作主张地为对方直接代取食物，更不允许将自己不喜欢或吃不了的食物"处理"给对方吃。在排队、取菜、寻位以及行动期间，对于其他用餐者要主动谦让。

第八，积极交际。商务人士必须明确，吃东西往往属于次要之事，交际活动才是最重要的任务。不应当以不善交际为由，自己躲在僻静之处一心一意地埋头大吃，或者来了就吃，吃了就走。在参加自助餐时，一定要主动寻找机会，积极地进行交际活动。介入陌生的交际圈，大体上有三种方法：请求主人或圈内之人引见；寻找机会，借机加入；毛遂自荐。

7. 喝酒的礼仪

酒席、宴会的祝酒既能表示对客人的尊敬，又可增添席间的热情气氛。用酒来表达对宾客的欢迎或谢意，是我国的传统风俗习惯。不过，喝酒伤身的道理酒桌上的每个人都心中有数，"男怕伤肝，女怕伤肾"，

饮酒过量，最受伤的莫过于肝和肾。

酒桌上有酒桌上的规矩，当领导或者长辈举着杯子邀你共饮时，如果动作稍有迟缓，或许印象分就要大打折扣，而你如果举杯应邀，恐怕下来又少不了其他人的"礼尚往来"。

俗话说，酒是越喝越厚。关于酒桌上也有很多学问，作以下总结：

第一，领导相互喝完才轮到自己敬酒。敬酒一定要站起来，双手举杯。

第二，可以多人敬一人，决不可一人敬多人，除非你是领导。

第三，自己敬别人，如果不碰杯，自己喝多少可视情况而定，比如对方酒量，对方喝酒态度，切不可比对方喝得少，要知道是自己敬人。

第四，自己敬别人，如果碰杯，一句"我喝完，你随意，"方显大度。

第五，记得多给领导或客户添酒，不要瞎给领导代酒，就是要代，也要在领导或客户确实想找人代，还要装作自己是因为想喝酒而不是为了给领导代酒而喝酒。比如某领导不胜酒力，可以通过旁敲侧击把准备敬领导的人拦下。

第六，端起酒杯（啤酒杯），右手扼杯，左手垫杯底，记着自己的杯子永远低于别人。自己如果是领导，不要放太低。

第七，如果没有特殊人物在场，碰酒最好按时针顺序，不要厚此薄彼。

第八，碰杯，敬酒，要有说辞。

第九，桌面上不谈生意，喝好了，生意也就差不多了。这点大家心知肚明，不然人家也不会敞开了跟你喝酒。

第十，假如遇到酒不够的情况，酒瓶放在桌子中间，让人自己添。

（1）关于餐桌上的敬酒顺序

①主人敬主宾。

②陪客敬主宾。

③主宾回敬。

④陪客互敬。

在酒宴上，要等长者或尊者坐定后，方可入座。席上如有女士，应招呼女士先坐。用餐后，须等主人离席后，其他宾客方可离席。坐姿要端正，不要跷二郎腿或不停抖腿。离席时，应主动帮助女士或长者拖拉座椅以示尊敬。

一般宴会的时间很长，大约在两小时。有人可能逛了几圈，认得一些人后，很快就想离开了。这时候，中途离席有一些技巧。

宴会进行得正热烈的时候，如果有人想离开，会引起众人一哄而散的结果。为了避免这种煞风景的后果，当你要中途离开时，千万不要和每一个人告别，只要悄悄地和身边的两三个人打个招呼，然后离去。

中途离开酒会，一定要向主人说明、致歉，不可一溜烟儿便不见了。和主人打过招呼，应该马上就走，不要和主人聊个没完，因为对方要做的事很多，现场也还有许多客人要招呼。

（2）拒酒有礼

酒桌这个交际场所是挺考验人的。你不能喝酒，最好学会拒酒，你不能以酒量让朋友们痛快，那就凭三寸不烂之舌让大伙儿开心。这样，你既不伤自己的身体，又不让劝酒者扫兴。那么，面对这样的情况，我们应该怎样文明拒酒，又给人留脸面呢？

①只要感情好，能喝多少喝多少

你可以展开说："九千九百九十九朵玫瑰也难成全一个爱情。只有感情不够，才用玫瑰来凑。因此，只要感情好，能喝多少喝多少！我不希望我们的感情掺杂那么多水分。我虽然喝了一点儿，但这一点儿是一滴浓浓的情。点点滴滴都是情嘛！"

②只要感情到了位，不喝也会陶醉

你试试这样说："跟不喜欢的人在一起喝酒是一种苦痛；跟喜欢的人在一起喝酒是一种感动。我们走到一块，说明我们感情到了位。只要感情到了位，不喝也陶醉。"

③只要感情有，喝什么都是酒

你如果确实不能沾酒，就不妨说服对方以饮料或茶水代酒。你问他："我俩有没有感情？"他会答："有！"你顺势说："只要感情有，喝什么都是酒。感情是什么？感情就是理解，理解万岁！"你然后以茶代酒，表示一下。

④感情浅，哪怕喝大碗；感情深，哪怕舔一舔

酒桌上，千言万语，无非归结一个字"喝"。如："你不喝这杯酒，一定嫌我长得丑。"如："感情深，一口吞；感情浅，舔一舔。"劝酒者把喝酒的多少与人的美丑和感情的深浅扯到一块。你可以驳倒它们的联系："如果感情的深浅与喝酒的多少成正比，我们这么深的感情，一杯酒不足以体现。我们应该跳进酒缸里，因为我们多年交情，情深似海。其实，感情浅，哪怕喝大碗；感情深，哪怕舔一舔。"

⑤为了不伤感情，我喝；为了不伤身体，我喝一点

他劝你："喝！感情铁，喝出血！宁伤身体，不伤感情；宁把肠胃喝个洞，也不让感情裂个缝！"这是不理性的表现，你可以这样回答：

"我们要理性消费，理性喝酒。留一半清醒，留一半醉，至少在梦里有你伴随。我是身体和感情都不愿受伤害的人。没有身体，就不能体现感情；没有感情，就是行尸走肉！为了不伤感情，我喝；为了不伤身体，我喝一点儿。"

⑥在这开心一刻，让我们来做选择题吧

我们把思路打开一些，拒酒的办法就来了。对方要借酒表达对你的情和意，你便说"开心一刻是可以做选择题的。表达情和意，可以：A. 拥抱，B. 拉手，C. 喝酒，任选一项。我敬你，就让你选；你敬我，应该让我选。现在，我选择 A. 拥抱，好吗？"

⑦君子动口，不动手

他要你干杯，你可以巧设"两难"，请君入瓮。你问他："你是愿意当君子，还是愿意当小人？请你先回答这个问题。"他如果说"愿意当君子"，你便说"君子之交，淡如水"，以茶水代酒，或者说"君子动口，不动手，你动口喝"，请他喝；他如果说"愿意当小人"，你便说"我不跟小人喝酒"，然后笑着坐下，他也无可奈何。

总之，拒酒的办法有很多，要随机应变，兵来将挡。酒文明中既有劝酒词，也有拒酒词，你没有酒量，凭借你的机灵跟口才也可以在交际场上完美应答，熟能生巧。

8. 餐巾的四种使用礼仪

在宴会上使用餐巾，主要是为了防止弄脏衣服，兼擦嘴及手上的油渍。商务人士用餐前必须等到大家坐定后，才可使用餐巾。餐巾应摊开后放在双膝上端的大腿上，切勿系入腰带或挂在西装领口。切忌用餐巾擦拭餐具。

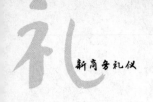

餐巾有以下四种使用方式:

(1) 用餐巾来擦拭嘴巴

餐巾是为了防止调味汁滴落,弄脏衣物。但是,餐巾最主要的功能是用来擦拭嘴巴。商务人士的形象特别重要,如果吃了油腻的食物后满嘴油渍,以这副尊容与人说话,委实不雅。况且喝酒时还会把油渍留在玻璃杯上,更是难看。

如果女士化的妆较浓,比如用深色的口红,口红也是同样要用餐巾略擦一擦,避免唇印沾在酒杯上。

(2) 莫把餐巾当围嘴

从餐桌上拿起餐巾,先对折,再将褶线朝向自己,摊在腿上。绝不能把餐巾抖开,如围兜般围在脖子上,或塞在领口。把餐巾的一角塞进腰带里,也是错误的方法。假如衣服的质地较滑,餐巾容易滑落,那应该以较不醒目的方法,将餐巾的一角塞进腰带里,或左右两端塞在大腿下。

(3) 中途离席,餐巾莫摆桌子上

在宴会中途,如果商务人士暂时离席,须把餐巾从餐桌上垂下一角。宴席中最好避免中途离席。非暂时离席时,许多人会把餐巾叠好放在椅子上,这种处理方式并没有错,因为餐巾摆放在桌上容易被误认为已经离席。

其实,最理想的方式是用盘子或刀子压住餐巾的一角,让它从桌沿垂下,当然脏的那一面朝内侧才雅观。

(4) 餐巾用毕无须折叠整齐

用餐完毕后要站起来,首先将腿上的餐巾拿起,随意叠好,再把餐巾放在餐桌的左侧,然后起身离座。

如果站起来后才甩动或折叠餐巾，就有失礼节了。餐巾用完后没有必要折叠得太过整齐，但也不能随便搓成一团。如有主宾或长辈在座，一定要等他们拿起餐巾折叠时才能跟着做。

9. 西餐饮酒礼仪

西方人喜欢饮酒，上一道菜要换一种酒。西餐宴会上常常酒是主角，菜是配角，因此，参加西餐宴会时，若不懂得西餐饮酒常识，常常会觉得无所适从。那么，西餐饮酒要注意哪些礼仪规范要求呢？

（1）西方人一般不劝酒，喝不喝酒、喝多少酒往往随个人的情绪而定。这与中国人的饮酒习惯正好相反。所以，西餐桌上，应尽量做到不劝酒；即使劝酒，也应当点到为止。在餐桌上饮酒失态是非常丢面子的。

（2）如不会饮酒，不必勉为其难，主动、客气地向主人说明原因，一般都会得到主人的体谅。有时出于宴会礼节的需要，可让服务员在自己的杯子里斟上一点酒，但只用嘴唇碰杯沿，不饮，就不会有人再来添酒了。

（3）西餐斟酒，最多斟八分满，有时更少，如斟酒时酒水溢出来，是很失礼的行为。斟酒的顺序是先主人、次主宾，然后才是其他客人。

（4）吃西餐饮酒忌中国式的干杯。正确的做法，是饮酒时先举起酒杯，认真欣赏一下它的色泽，然后用鼻子靠近杯子闻一闻酒香，最后再小呷一口，细细品味。

（5）干杯应由男主人提议，并请客人们共同举杯，为在座者说些祝福的话，不要忘掉了任何一位。客人一般不宜提议为主人干杯，以免

喧宾夺主；女士也不应当提议为男士干杯。

（6）干杯时如果客人较多，不必一一碰杯，举杯的同时用眼神示意一下即可。

（7）与外宾干杯，不要交叉干杯，否则会形成十字形，触犯西方人的忌讳。

（8）在餐桌上闹酒、高声叫喊、猜拳行令，在西方人看来均属粗野、不文明行为，应坚决杜绝。

10. 餐后礼仪

一般用餐完后，先要轻轻放下碗筷，用餐纸或餐巾擦嘴，注意动作要优雅。如果自己先吃完，要与主人或其他客人打个招呼，再离开座位。比如说，"大家慢用"或"大家请慢慢吃"等。不能一推饭碗，什么话也不说，离桌而去，这是不礼貌的行为。一个有礼貌的人，在用餐完后，应有礼貌地离座，并帮助主人做些力所能及的事。

一般来讲，在正式的宴会上，都会有一些饭后水果。在宴会上吃水果，食者应根据水果的不同种类，采用相应的食用方法。梨和苹果应用刀切成四、八瓣，再用刀去皮核，然后拿着吃或用叉子、牙签插着吃；香蕉可用手剥皮，用刀切成小块吃，整根拿着吃是不雅的；橘子可用手剥了皮，一瓣一瓣地吃；而橙子则需用刀切成四、八块，像吃西瓜那样，将皮剩下；葡萄不可整串拿着吃，而要用手一个个揪下来吃。遇有果核时，应用手掌托在嘴边，将果核吐于掌中，然后弃于盘沿，与吐鱼刺、肉骨一样，直接吐在桌布上是十分不雅的；西瓜、菠萝等水果通常都是去了皮切成块公用，使用叉或牙签插着食用。

11. 如何正确使用筷子

中国人使用筷子用餐是从远古流传下来的，古时又称其为"箸"，日常生活当中对筷子的运用是非常有讲究的。

一般我们在使用筷子时，正确的使用方法是用右手执筷，大拇指和食指捏住筷子的上端，另外三个手指自然弯曲扶住筷子，并且筷子的两端一定要对齐。用餐前筷子一定要整齐码放在饭碗的右侧，用餐后则一定要整齐竖向码放在饭碗的正中。要绝对禁忌以下十二种筷子的使用方法：

（1）三长两短

意思就是说，在用餐前或用餐过程当中，将筷子长短不齐地放在桌子上。这种做法是大不吉利的，通常我们管它叫"三长两短"，其意思是代表"死亡"。因为过去中国人认为人死以后是要装进棺材的，在人装进去以后，还没有盖棺材盖的时候，棺材的组成部分是前后两块短木板，两旁加底部共三块长木板，五块木板合在一起做成的棺材正好是三长两短，所以说这是极为不吉利的做法。

（2）仙人指路

这种拿筷子的方法是用大拇指和中指、无名指、小指捏住筷子，而食指伸出。这种做法也是极为不能被人所接受的。这在北京人眼里叫"骂大街"。因为在吃饭时食指伸出，总在不停地指别人，北京人一般伸出食指去指对方时，大都带有指责的意思。所以说，吃饭用筷子时用手指人，无异于指责别人，这同骂人是一样的，是不能够允许的。还有一种情况也是这种意思，那就是吃饭时同别人交谈并用筷子指人。

（3）品箸留声

把筷子的一端含在嘴里，用嘴来回去嘬，并不时地发出咝咝声响，这种做法也是不对的。这种行为被视为是一种下贱的做法。因为在吃饭时用嘴嘬筷子本身就是一种无礼的行为，再加上配以声音，更是令人生厌。所以一般这种做法都会被认为是缺少家教，同样不能够允许。

（4）击盏敲盅

在用餐时用筷子敲击盘碗，这种行为被看作是乞丐要饭。因为过去只有要饭的才用筷子击打要饭盆，其发出的声响配上嘴里的哀告，使行人注意并给予施舍。这种做法被视为极其不好的事情，被他人所不齿。

（5）执箸巡城

这种做法是手里拿着筷子，作旁若无人状，用筷子来回在桌子上的菜盘里寻找，探知从哪里下筷为好。此种行为是典型的缺乏修养的表现，且目中无人，极其令人反感。

（6）迷箸刨坟

是指手里拿着筷子在菜盘里不住地扒拉，以求寻找"猎物"，就像盗墓刨坟的一般。这种做法同"执箸巡城"相近，都属于缺乏教养的做法，令人生厌。

（7）泪箸遗珠

实际上这是用筷子往自己盘子里夹菜时，手不利落，将菜汤流落到其他菜里或桌子上。这种做法被视为严重失礼，同样是不可取的。

（8）颠倒乾坤

这就是说用餐时将筷子颠倒使用，这种做法是非常被人看不起的，正所谓饥不择食，以至于都不顾脸面了，将筷子倒使，是绝对不可以的。

（9）定海神针

在用餐时用一只筷子去插盘子里的菜品。这也是不行的。这被认为是对同桌用餐人员的一种羞辱。在吃饭时作出这种举动，无异于在欧洲当众对人伸出中指。

（10）当众上香

往往是出于好心帮别人盛饭时，为了方便省事把一副筷子插在饭中递给对方。这种做法会被人视为大不敬，因为北京的传统是为死人上香时才这样做，如果把一副筷子插入饭中，无异于给死人上香一样。所以说，把筷子插在碗里是决不被接受的。

（11）交叉十字

这一点往往不被人们所注意，在用餐时将筷子随便交叉放在桌上。这是不对的，北京人认为在饭桌上"打叉子"是对同桌其他人的全部否定，就如同学生写错作业，被老师在本上打叉子的性质一样，不能被他人接受。除此以外，这种做法也是对自己的不尊敬，因为过去吃官司画供时才打叉子。这种做法无疑是在否定自己，是不行的。

（12）落地惊神

所谓"落地惊神"，是指失手将筷子掉落在地上，这是严重失礼的一种表现。因为北京人认为，祖先们全部长眠在地下，不应当受到打搅，筷子落地就等于惊动了地下的祖先，是大不孝，所以这种行为也是不被允许的。但有破法，一旦筷子落地，就应当赶紧用落地的筷子根据自己所坐的方向，在地上画出十字，方向为先东西后南北，意思是我不

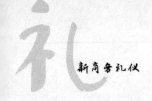

该惊动祖先，然后再拾起筷子。

以上所说的十二种使用筷子的禁忌，是我们日常生活当中应当注意的，作为礼仪之邦的子民，通过对一双小小筷子的使用，能够让人们看到你深厚的文化积淀和修养。

第六章

礼尚往来，迎送有道

工作中，经常会有企业与企业之间、部门与部门之间、公司与客户之间的礼尚往来。商务人士礼貌的迎送和拜访可以代表一个企业的形象，同时也可以看出一个人的素质、层次和水平；如果处理不好，会给公司的形象带来影响，给自己脸上抹黑。

1. 活动现场接待礼仪

迎来送往，是企业来往接待活动中最基础的形式和主要环节，是表达主人情义，体现礼貌素养的主要方面。尤其是现场接待，是给客人良好第一印象的最主要工作。给对方留下好的第一印象，就为下一步深刻接触打下了基础。现场接待要有周到的部署，应注意以下事项：

（1）对前来拜访、洽谈业务、加入会议的其他企业、外地客人，应首先清楚对方到达的车次、航班，部署与客人身份、职务相当的人员前去迎接。若因某种原因，相应身份的主人不能前往，前去迎接的商务人士应向客人作出礼貌的解释。

（2）到车站、机场去迎接客人，商务人士应提前到达，恭候客人的到来，决不能迟到让客人久等。客人看到有人前来迎接，心里一定觉得非常愉快；若迎接来迟，一定会给客人留下不好的印象，事后无论怎

样补救，都无法消除对其的这种不守信用的印象。

（3）接到客人后，应首先问候"一路辛劳了""欢迎您来到我们的企业视察""欢迎您来到我们公司指导工作"，等等；然后向对方作自我介绍，如果有名片，可送予对方。

（4）迎接客人应提前为客人准备好交通工具，不要等客人到了才仓促准备交通工具，那样会因让客人久等而误事。

（5）应提前为客人准备好住宿，帮客人办理好一切手续，并将客人领进房间，同时向客人介绍住处的服务、设施，将活动的计划、日程安排交给客人，把准备好的地图或旅游图、名胜古迹介绍等资料送给客人。

（6）将客人送到住地后，不要立即离去，应陪客人稍作停留，热情交谈。谈话内容要让客人觉得满意，比如客人参与活动的背景资料、当地风土人情、有特色的自然景观、特产、物价等。考虑到客人一路旅途劳累，主人不宜久留，让客人早些休息。分别时将下次接洽的时间、地点、方法等告知客人。

2. 迎宾礼仪

迎宾礼仪是接待礼仪的一部分，在接待来宾时，要坚持互相尊重、平等相待、礼待宾客、主随客便的原则。具体而言，在接待不同身份的来宾时，着重点应各有不同。例如，接待少数民族客人，应强调尊重其特有的风俗习惯；接待中央首长应强调安全保卫；接待宗教界人士，则应强调遵守党的宗教政策。

迎宾礼仪首先要注重接待日程，即接待来宾的具体日期安排，基本内容包括迎送、会见、参观、游览等。

在一般情况下，接待日程要安排得完整周全、疏密有致。接待日程的制订由接待方负责，但先期双方应有所沟通，并对来宾的要求予以充分考虑。接待日程一旦确定，应立即向来宾进行通报。

在接待重要来宾时，安全与宣传这两项工作也应列入计划之内。

安全保卫工作一定要"谨小慎微"。思想上要高度重视，制订预案，而且还需要注重细节，从严要求。

宣传应注意统一口径、掌握分寸，并报经上级有关部门批准。有关的图文资料，一般应向接待对象提供，并应自己存档备案。

3. 招待礼仪

在接待工作中，来宾的招待乃是重中之重。要认真做好接待工作，离不开出色的商务人士。凡重要的招待工作，必须有专负其责的商务人士来做具体工作。招待过程中要注意室内的布置以及座次的安排。

（1）室内的布置

大致可分为以下几点：

①注意光线

应以自然光源为主，人造光源为辅，切勿使光线过强或过弱。招待来宾的房间可设置百叶窗或窗帘予以调节。使用人造光源时，最好使用顶灯、壁灯，尽量不要使用台灯或地灯，特别是不要以之直接照射来宾。使用彩灯、漫光灯或瀑布灯也是毫无必要的。

②注意色彩

招待来宾的现场，应当布置得既庄重又大方。主要装潢、陈设的色彩，应有意识地控制在两种之内，最好不要超过三种，否则会让来宾眼花缭乱，无所适从。在选择招待现场的主色调时，不要选用过于沉闷的

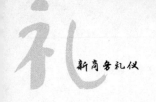

白色、灰色、黑色，不要选用过于热烈的红色、黄色、橙色，也不要选用易于给人以轻浮之感的粉色、金色或银色，乳白、淡蓝、草绿诸色，为上佳之选。

③注意温度

室温以24℃左右为最佳。因为它是人体体温的"黄金分割点"，令人最为舒适。室温低于18℃，往往令人寒冷难耐；室温高于30℃，则又可能会令人燥热不堪。

④注意湿度

一般认为，相对湿度为50%左右最舒适宜人。相对湿度过高，往往会令人感到憋闷压抑，呼吸不畅；相对湿度过低，则又会让人觉得干燥不堪，易生静电。

⑤注意安静

地上可铺放地毯，以减轻走动之声；窗户上可安放双层玻璃，以便隔音；茶几上可摆放垫子，以防放置茶杯时出声；门轴上可添润滑油，以免关门开门时噪声不绝于耳。

⑥注意卫生

待客的房间一定要保持空气清新、地面爽洁、墙壁无尘、窗明几净、用具干净。

（2）座次安排

①面门为上

采用"相对式"就座时，通常以面对房门的座位为上座，应让之于来宾；以背对房门的座位为下座，宜由主人自己在此就座。

②以右为上

并列式排位的标准做法是宾主双方面对正门并排就座。此时，以右侧为上，应请来宾就座；以左侧为下，应归主人自己就座。

③居中为上

如果来宾较少，而东道主一方参与会见者较多之时，往往可以由东道主一方的人员以一定的方式围坐在来宾的两侧或者四周，来宾居于中央，呈现出"众星捧月"之态。

④以远为上

道理十分简单，离房门近者易受打扰，离房门较远者则受到的打扰较少。

⑤佳座为上

长沙发优于单人沙发，沙发优于椅子，椅子优于凳子，较高的座椅优于较低的座椅，宽大舒适的座椅优于狭小而不舒适的座椅。

⑥自由为上

有时，未及主人让座，来宾便自行选择了座位，并且已经就座，此刻主人亦应顺其自然。在客人登门拜访之时，主人务必要使自己临场的一切表现都中规中矩。

4. 送别礼仪

如果接待正式来访的重要客人，有时可酌情为其安排送别活动，以示对对方的重视与礼遇。商务人员负责迎送活动时，需要注意两大问题：

（1）明确时间与地点

对于远道而来的客人，接待方应安排专人为来宾送行。负责迎送来宾者一定要提前与对方商定双方会合的时间与地点，而且通常是主随客便。必要时，在来宾正式动身前，接待人员还须再次与对

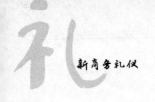

方进行确认。

（2）限制迎送的规模

根据接待礼仪简化的要求，有必要对迎送规模加以限制。在接待内宾时，通常不安排专门的迎送仪式。即便组织迎送仪式，也应务实从简，在参加人数、主人身份、车辆档次与数量上严格限制。

5. 电梯礼仪

乘坐电梯是常有的事，一个人乘坐电梯倒也没什么太大的讲究，如果是在迎送客人或者和众人一起乘坐电梯时，那就有所讲究了。

（1）进出电梯礼仪

进出电梯时，一般是长者、尊者、女士优先。

陪同客人乘坐电梯时，接待人员先按电梯呼或者电梯按钮，待轿厢到达厅门打开时，若客人不止一人，接待人员可先行进入电梯，一手按"开门"按钮，另一手按住电梯侧门，礼貌地说"请进"，让客人们进入电梯轿厢。到达目的楼层后，接待人员一只手按住"开门"按钮，另一只手做出请出的动作，可说："到了，您先请。"

因电梯空间很小，所以讲话时最好不要有过大的手上动作，以免打到别人身上。尤其是和上级或客人乘坐电梯时，更要注意举止。

（2）乘坐电梯礼仪

乘坐电梯时，一般是面门而立，在陪同客人时，可适当侧向客人，说几句客套话，切忌沉默寡言。当电梯即将关门时，不要扒门，或是强行挤入。如果乘坐电梯的人过多，有超载的危险，最好是耐心等待下一趟，特别是陪同客人时，更要为客人的安全着想。

电梯内不要吸烟、大声喧哗，不要乱扔垃圾、吐痰。

（3）突发事件的处理

电梯发生突发情况时，需要保持镇定，并且安慰困在一起的人不要惊慌。利用警钟、对讲机或手机向电梯技工或者消防员求援，还可以拍门叫喊，千万不要尝试强行推开电梯内门，即使能打开，也未必够得着外门，这样反而可能将手夹住。

电梯天花板若有紧急出口，也不要爬出去。出口板一旦打开，安全开关就会使电梯刹住不动。但如果出口板意外关上，电梯就可能突然开动令人失去平衡。在漆黑的电梯槽里，可能会被电梯的缆索绊倒，或因踩到油垢而滑倒，从而从电梯顶上摔下去。

电梯如果发生了下坠，要减少对身体的伤害可以从以下几个方面来做：不论有几层楼，把每一层楼的按键都按下；如果电梯内有手把，用一只手紧握手把。背部跟头部紧贴电梯内墙，膝盖呈弯曲姿势。

6. 乘车礼仪

乘车礼仪，是出于方便来宾的考虑，对其往来、停留期间的交通予以必要的协助。

在具体接待工作中，如果需要接待方为来宾提供交通工具，应努力满足；需要帮忙联系交通工具时，应尽力而为；当来宾自备交通工具时，则应提供一切所能提供的协助。

（1）座次

乘坐轿车时，要确定轿车的座次，关键要看乘坐何种轿车。

①双排座或三排座轿车

由主人亲自驾驶轿车时，一般前排座为上，后排座为下；以右为

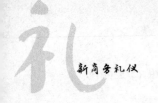

上，以左为下。最重要的是，不能令前排座空着。

双排五座轿车上其他的四个座位的座次，由尊而卑依次应为：副驾驶座，后排右座，后排左座，后排中座。

三排七座轿车上其他的六个座位的座次，由尊而卑依次应为：副驾驶座，后排右座，后排左座，后排中座，中排右座，中排左座。

三排九座轿车上其他的八个座位的座次，由尊而卑依次应为：前排右座，前排中座，中排右座，中排中座，中排左座，后排右座，后排中座，后排左座。

当主人亲自驾车时，若一个人乘车，则必须坐在副驾驶座上；若多人乘车，则必须推举一个人在副驾驶座上就座，否则就是对主人的失敬。

由专职司机驾驶轿车时，座次变化为后排为上，前排为下。通常以右、中为尊，以左为卑。

双排五座轿车上其他的四个座位的座次，由尊而卑依次应为：后排右座，后排左座，后排中座，副驾驶座。

三排七座轿车上其他的六个座位的座次，由尊而卑依次应为：后排右座，后排左座，后排中座，中排右座，中排左座，副驾驶座。

三排九座轿车上其他的八个座位的座次，由尊而卑依次应为：中排右座，中排中座，中排左座，后排右座，后排中座，后排左座，前排右座，前排中座。

根据常识，轿车的前排，特别是副驾驶座是车上最不安全的座位。因此，按惯例，在社交场合，该座位不宜请妇女或儿童就座。而在公务活动中，副驾驶座，特别是双排五座轿车上的副驾驶座，则被称为随员座，专供秘书、翻译、警卫、陪同等随从人员就座。

②四排座或四排座以上的中型或大型轿车

以前排即驾驶员身后的第一排为尊，其他各排座位由前向后依次递减。各排座次的尊卑，应当从右向左依次递减。简单地讲，可以归纳为：由前而后，自右而左。

多排位次的大中型轿车，不论由何人驾驶，均以前排为上，以后排为下，以右为尊，以左为卑，并按照距离前门的远近来排定具体座次的高低。

除了乘坐轿车，有时也会乘坐公共汽车、火车或地铁等交通工具。

基本的规矩是：临窗的座位为上座，临近通道的座位为下座。与车辆行驶方向相同的座位为上座，与车辆行驶方向相反的座位为下座。

（2）上下车顺序

上下轿车的先后顺序通常是：尊长、来宾先上后下，秘书或其他陪同人员后上先下。上下车时，秘书人员都应协助尊长、来宾开启车门。

从安全、视觉、服务角度考虑，有如下几点需要注意。

①从安全角度考虑，最安全的是后排左座，最不安全的是副驾驶位置。

②从视觉角度考虑，应该是前排右座最好（副驾驶室座位），视线宽广，可以欣赏沿途风景。

③从服务角度考虑，应该是后排右座最重要。因为在我国车辆遵循靠右行驶的准则，坐后排右座者，伸腿上车抬腿下车，便于秘书等随行人员为其开关车门。出入高档场所或重大活动更能体现此座者的重要性。

此外，女士上车时不要一只脚先踏入车内，更不要爬进车里。应先站在座位边上，把身体降低，让臀部坐到位子上，再将双腿一起收进车

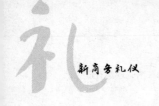

里，双膝一定要保持合并的姿势。下车时双脚着地后，再移身车外。

（3）就座时的相互谦让

不论是乘坐何种车辆，就座时均应相互谦让。争座、抢座、不对号入座，都是非常失礼的。在相互谦让座位时，除对位尊者给予特殊礼遇之外，对待同行人中的地位、身份相同者也要以礼相让。

7. 陪同礼仪

在商务活动中，接待人员陪同客人，步行一般应在客人的左侧，以示尊重。如果是主陪陪同客人，那要并排与客人同行。如有随行人员，应走在客人和主陪人员的后边。随行人员负责引导时，应走在客人左前方一两步远的地方和客人的步速一致，遇到路口或转弯处，应用手示意方向并加以提示。乘电梯时，如有专人服务，应请客人先进，如无专人服务，接待人员应先进去操作，到达时请客人先行。进房间时，如门朝外开，应请客人先进；如门往里开，陪同人员应先进去，扶住门，然后再请客人进入。

乘车时，陪同人员要先打开车门，请客人上车，并以手背贴近车门上框，提醒客人避免磕碰，待客人坐稳后，再关门开车。按照习惯，乘车时客人和主陪应坐在司机后第一排位置上，客人在右，主陪在左，陪同人员坐在司机身旁。车停后陪同人员要先下车打开车门，再请客人下车。如果接待两位贵宾，主人或接待人员应先拉开后排右边的车门，让尊者先上，再迅速地从车的尾部绕到车的另一侧打开左边的车门，让另一位客人从左边上车，只开一侧车门让一人先钻进去的做法是失礼的。

有时，如为了让宾客顺路看清本地的一些名胜风景，陪同人员也可以在说明原因后，请客人坐在左侧，但同时应向客人表示歉意。需要强调的是，即使是为了让客人欣赏风景，也不要让客人坐司机旁的位置，尤其是接待港、澳、台地区和外国客人时更应注意这一点，否则，会弄巧成拙、事与愿违。如果陪客人、外宾参观访问，陪同人员应提前 10 分钟到达；参观过程中，陪同人员应走在宾客的右前方，并超前两至三步，时时注意引导，遇到进出门户、拐弯或上下楼梯时，应伸手示意；当参观结束后，应将客人送至宾馆，然后再告别。

8. 礼物礼仪

礼物是礼仪的物化。《诗经·卫风·木瓜》有云："投我以木桃，报之以琼瑶"，就是礼尚往来的写照。公关交际活动中，为表示对对方的谢意，体现双方的友谊，或赢得对方更多的友情等，常常向对方赠送一定的礼物。中华民族向来以薄礼淳朴为本，重在交流感情，如"千里送鹅毛，礼轻情意重"。

因此，这种赠礼的目的完全是从公共关系的本质出发，希冀与对方建立良好的沟通渠道。应当将礼物看作一种载体而不是物欲，礼物本身贵重与否并不是关键，关键在于它能成功地起到了载体的作用，能将思想感情传达给了对方。商务人员应因人、因事、因时施以恰到好处的礼物，使赠礼或回礼合乎礼仪的规范，从而达到最佳的公关效果。

送礼是一门艺术，送给谁、送什么、怎么送都十分有讲究，有约定俗成的规矩，不能瞎送、胡送、滥送。根据成功的送礼经验和失败的教训，这里总结了商务送礼需注意的四个原则：

第一，礼品要有意义。礼物是感情的载体，任何礼物都表示送礼人的特有心意，或酬谢、或求人、或联络感情，等等。所以，你选择的礼品必须与你的心意相符，使受礼者觉得你的礼物非同寻常，倍感珍贵。

实际上，最好的礼品应该是根据对方兴趣爱好选择的，富有意义、耐人寻味、品质不凡却不显山露水的礼品。因此，选择礼物时要考虑它的思想性、艺术性、趣味性、纪念性等多方面的因素，力求别出心裁，不落俗套。

第二，礼物轻重要得当。一般来讲，礼物太轻，意义不大，很容易让人误解为瞧不起他，尤其是关系不算亲密的人更是如此，而且如果礼太轻而想求别人办事，成功的可能几乎为零。但是，礼物太贵重，又会使接受礼物的人有受贿之嫌，特别是对上级、同事更应注意。除了某些爱占便宜又胆子特大的人之外，一般人很可能婉言谢绝，或即使收下，也会付钱，要不日后必定设法还礼。这样岂不是强迫人家消费吗？如果对方拒收，你钱已花出，留着无用，便会生出许多烦恼，就像平常人们常说的花钱找罪受，何苦呢！因此，礼物的轻重选择以对方能够愉快接受为尺度，争取做到少花钱多办事，多花钱办好事。

第三，了解风俗禁忌。送礼前应了解受礼人的身份、爱好、民族习惯，免得送礼送出麻烦来。有个人去医院看望病人，带去一袋苹果以示慰问，哪知引出了麻烦。正巧那位病人是上海人，上海话"苹果"跟"病故"二字发音相同，送去苹果岂不是咒人家病故，由于送礼人不了解情况，弄得不欢而散。鉴于此，送礼时一定要考虑周全，以免节外生枝。例如，不要送钟，因为"钟"与"终"谐音，让人觉得不吉利；给文化素养高的知识分子送去一幅蹩脚的书画就很没趣；给穆斯林送去有猪形象作装饰图案的礼品，可能会让人轰出来。

第四，送礼间隔要适宜。送礼的时间间隔也很有讲究，过频、过繁或间隔过长都不合适。送礼者可能手头宽裕，或求助心切，便时常大包小包地送上门去。有人以为这样大方，一定可以博得别人的好感，细想起来，其实不然，因为你以这样的频率送礼目的性太强。另外，出于礼尚往来，人家还必须还情于你。一般来说，以选择重要节日、喜庆、寿诞送礼为宜，这样送礼既不显得突兀虚套，受礼人收着也心安理得，两全其美。

不管怎么讲，如今的商品社会，"利"和"礼"往往是连在一起的，先"礼"后"利"，有"礼"才有"利"，这已成为商务交际的一般规则。这方面道理不难懂，难就难在操作运作上，你送礼的功夫是否到家，不显山露水，却能够打动人心。

可以说，商务送礼是一种艺术和技巧，从时间、地点到选择礼品，每一件都是很费人心思的事情。很多大公司在电脑里有专门的储存，对一些主要关系的公司、关系人物的身份、地位及爱好、生日都有详细记录，逢年过节，或者什么合适的日子，总有例行或专门的送礼，巩固和发展自己的关系网，从而确立和巩固自己的商业地位。

商务送礼小贴士：

- 最好的礼物表示一种幽默感。
- 最好的礼物是意外的。
- 最好的礼物是一个忠实的友谊表示。
- 特别选择受礼者想要的东西，这才是最好的礼物。
- 最好的礼物就是不会超出你预算的东西。
- 最好的礼物可以流露出周全的考究和思想。

作为受礼人，双手接过礼品时要表达谢意，而不要显得无动于衷。即使收到的礼品不称心，也不能表露在脸上。应重视别人的情意，而不必太在乎礼物的价值和功能。

　　接受别人馈赠后，除了办丧事等特殊情况，接受赠礼后不宜立即还礼外，一般都要尽快还礼，或待适当时机给予回赠，以加强交流，增进情谊。"礼尚往来"是我国人民世代相传的传统美德，值得我们继承并发扬光大。

第七章

礼仪是谈判成功的桥梁

谈判或洽谈就是指人们为了协调彼此的关系，满足各自的要求，通过协调对话，达到意见一致的行为和过程。而所谓商务谈判，则是人们为了协调彼此之间的商务关系，满足各自的商务需求，通过协商对话以争取达成某项商务交易的行为和过程。洽谈和谈判在本质上没有区别，只是在字面上有微妙的差异。洽谈，突出的是彼此和睦对谈的方式，色彩更温和，形式更灵活；谈判，强调的则是评判分歧，得到某种结果。为了叙述方便，这里统一使用"谈判"两字。

商务谈判既是一门科学，又是一门艺术。优秀的谈判者，不仅要求精通专业知识，掌握社会学、心理学、语言学等方面的知识，还要求通晓礼仪知识，这样才能在谈判中得心应手，应付自如。商场如同战场，在市场经济下，各行业之间、企业之间，为了自己的经济利益，寸利必争，毫不相让。但是商场毕竟不是战场，这种竞争不是真刀明枪、你死我活的拼杀，商场上的较量是文质彬彬地进行的。即使双方有争议，相持不下，一切言行也必须彬彬有礼。无论交易成功与否，注重礼仪都是十分重要的。礼仪在商务谈判中起着重要作用。

（1）创造良好氛围，拉近双方距离

一个企业，如果能够热情周到、大方得体地接待客户，想对方之所想，帮助对方解决困难、解决疑问、尊重对方，就会使客户感到你是有诚意的，乐意同你打交道。在一个宽松和谐的氛围中谈判，就会自然地缩短双方的距离，容易找到一个双方均能接受、彼此都可受益的结合点。

（2）塑造良好形象，推动交易成功

在商务谈判中，起初交易双方可能并不相互了解，此时个人形象往往是企业形象的代表。有这样一种常见的现象：在商务活动中，一方往往通过对方的仪容仪表、举止言谈来判断对方，并通过对方来分析他（她）所代表的企业的可信程度，进而影响与其交往的程度。由此可见，在商务活动中，双方人员高尚的道德情操，彬彬有礼的言谈举止，渊博的知识，得体的礼遇，都会给对方留下深刻的印象，并对企业产生好感，减少谈判阻力，推动交易成功。

（3）加深理解，促进友谊

在商务谈判中，双方都要维护各自的经济利益，难免会发生一些冲突。企业与企业、人与人之间因商务活动而产生冲突时，不可对抗，更不可把交易中的矛盾变为对某个企业或个人的攻击，而要把人和事区分开来。在商务谈判双方相持不下的时候，商务人员也要注意礼仪规范，通过理解和沟通，找出双方都能接受的方案，通过交易，双方建立友谊，成为长期的合作伙伴。即使交易不成，由于待人真诚、礼仪有加，双方也会沟通感情，建立友谊，日后寻找其他的合作途径。

商务谈判是在人与人之间进行的，因此谈判的过程又是一个人际交往的过程。人际关系在谈判中往往起着十分微妙的作用。道德水平低，礼仪修养差的人是毫无信誉可言的，在商场上很难取得成功。而如果能够以诚相待，尊重对方，礼仪有加，感情融洽，谈判就可能取得理想的效果。因此，在谈判过程中，始终应非常注重礼仪。

1. 商务谈判中的流程礼仪

（1）商务谈判准备

商务谈判之前首先要确定商务谈判人员，包括对方商务谈判代表的身份、职务等。

商务谈判代表要有良好的综合素质，商务谈判前应整理好自己的仪容仪表，穿着要整洁、正式、庄重。男士应刮净胡须，穿西服必须打领带。女士穿着不宜太性感，不宜穿过细高跟鞋，应化淡妆。

布置好商务谈判会场，采用长方形或椭圆形的商务谈判桌，门右手座位或对面座位为尊，应让给客方。

商务谈判前应对商务谈判主题、内容、议程作好充分准备，制订好计划、目标及商务谈判策略。

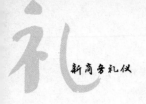
（2）商务谈判之初

商务谈判双方接触的第一印象十分重要，言谈举止要尽可能创造出友好、轻松的商务谈判气氛。作自我介绍时要自然大方，不可流露出傲慢之意。被介绍到的人应起立微笑示意，可以礼貌地道："幸会""请多关照"之类。询问对方要客气，如"请教尊姓大名"等。如有名片，要双手接递。介绍完毕，可选择双方共同感兴趣的话题进行交谈，稍作寒暄，以沟通感情，创造温和气氛。

商务谈判之初，商务人士的姿态动作也对烘托商务谈判气氛起着重大作用。当商务人士目光注视对方时，目光应停留于对方双眼至前额的三角区域正方，这样会使对方感到被关注，觉得你诚恳严肃。手心冲上比冲下好，手势自然，不宜乱打手势，以免造成轻浮之感。切忌双臂在胸前交叉，那样显得十分傲慢无礼。

商务谈判之初的重要任务是摸清对方的底细，因此要认真听对方谈话，细心观察对方举止表情，并适当给予回应，这样既可了解对方意图，又可表现出尊重与礼貌。

（3）商务谈判之中

这是商务谈判的实质性阶段，主要是报价、查询、磋商、解决矛盾、处理冷场。

报价——要明确无误，恪守信用，不欺蒙对方。在商务谈判中报价不得变换不定，对方一旦接受价格，即不再更改。

查询——事先要准备好有关问题，选择气氛和谐时提出，态度要开诚布公。切忌气氛比较冷淡或紧张时追问，言辞不可过激或追问不休，以免引起对方反感甚至恼怒。但对原则性问题应当力争不让。对方回答查问时不宜随意打断，答完时要向解答者表示谢意。

磋商——讨价还价事关双方利益，容易因情急而失礼，因此更要注意保持风度。应心平气和，求大同，容许存小异。发言措辞应文明礼貌。

解决矛盾——要就事论事，保持耐心、冷静，不可因发生矛盾就怒气冲冲，甚至进行人身攻击或侮辱对方。

处理冷场——此时主方要灵活处理，可以暂时转移话题，稍作松弛。如果确实已无话可说，则应当机立断，暂时中止商务谈判，稍作休息后再重新进行。主方要主动提出话题，不要让冷场持续过长。

（4）谈后签约

签约仪式，参加商务谈判的全体人员都要出席，共同进入会场，相互致意握手，一起入座。双方都应设有助签人员，分立在各自一方代表签约人外侧，其余人排列站立在各自一方代表身后。

助签人员要协助签字人员打开文本，用手指明签字位置。双方代表各在己方的文本上签字，然后由助签人员互相交换，代表再在对方文本上签字。

签字完毕后，双方应同时起立，交换文本，并相互握手，祝贺合作成功。其他随行人员则应该以热烈的掌声表示喜悦和祝贺。

2. 谈判中的商谈礼仪

在正式谈判中的各阶段，交谈内容及其礼仪都十分讲究，并起着极重要的作用。

（1）谈判中的倾听与提问

交谈，首先就应善于倾听。美国谈判学会会长尼尔伦伯格明确指出，倾听是发现对方需要的重要手段。美国谈判学家卡洛斯也说过：

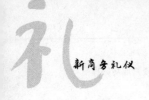

"如果你想给对方一个你丝毫无损的让步，这很容易做到，你只要注意倾听他说话就成了，倾听是你能做的一个最省钱的让步。"而恰当地提问，有助于倾听。

在人际交往中，善于倾听的人往往给人留下有礼貌、尊重人、关心人、容易相处和理解人的良好印象，倾听也是大多实现正确表达的十分重要的基础和前提。一些谈判者，往往利用倾听，表达愿意成为对方朋友的意愿，以获得对方的信任与尊重。当对方把你当成了他的朋友，就为达到说服、劝解等目的奠定了基础。

（2）倾听的礼仪需求

倾听是指听话者以积极的态度，认真、专注地悉心听取讲话者的陈述，观察讲话者的表达方式及行为举止，及时而恰当地进行信息反馈，对讲话者作出反应，以促使讲话者进行全面、清晰、准确地阐述，并从中获得有益信息的一种行为过程。倾听的礼仪要求是：

①专注

谈判者在会谈中必须时刻保持清醒，还要注意力集中。一般人听话与思索的速度大约比讲话快 4 倍，所以听别人讲话思维非常容易开小差；同时，根据有关研究资料，正常的人最多只能记住当场听到的东西的 60%～70%，倘不专心，记住的就更少。因此，倾听别人讲话一定要全神贯注，努力排除环境及自身因素的干扰。

②注意对方说话方式

对方的措辞、表达方式、语气、语调，都传递了某种信息，认真予以注意，可以发现对方一言一语背后隐喻的需要，真正理解对方传递的全部信息。

③观察对方表情

察言观色是判断说话者态度及意图的辅助方法。谈判场合的倾听，是"耳到，眼到、心到、脑到"四种综合效应。"听"即不仅运用耳朵去听，而且运用眼睛观察，运用自己的心去为对方的话语作设身处地的构想，并用自己的脑子去研究判断对方话语背后的动机。

标准的倾听是一边听一边在脑子里构想轮到自己讲话时该说些什么，思考着应该如何解决自己的问题或筹划着自己将要提出的忠告，思考着由听到的内容而联想起的自己某些相似经历，并筹划着如何或是否要告诉说话者自己的经历，等等。一定要集中注意力，聚精会神地去获得说话者的信息，这样发散的思维就会消失。

④给予恰当回应

通过某些恰当的方式，如目光的注视、关切同情的面部表情、点头称许、前倾的身姿及发出一些表示注意的声音，促使讲话者继续讲下去。

⑤学会忍耐

对于难以理解的话，不能避而不听，尤其是当对方说出不愿意听，甚至触怒自己的话时，只要对方未表示说完，都应倾听下去，不可打断其讲话，甚至离席或反击，以免上钩、失礼。对于不能马上回答的问题，应努力弄清其意图，不要匆忙表达，应寻求其他办法解决。

（3）提问的礼仪要求

提问对于了解对方、获取信息、促进交流都有很重要的意义。一个掌握了提问的礼仪要求、善于提问的人，不但能掌握交谈的进程，控制谈判的方向，而且能开启对方的心扉，拨动对方的心弦。

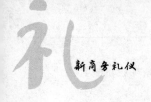

①把握提问的时机

提问的时机包括以下几方面的要求：一是当对方正在阐述问题时不要提问，"打岔"是不尊重对方的表现；二是在非辩论性场合应以客观的、不带偏见的、不具任何限制的、不加暗示的、不表明任何立场的陈述性语言提问。有些领导在开会一开始就讲："关于这个问题我们的立场是……请问大家有什么意见？""这项计划基本上不再作什么更改了，诸位还有什么建议"，等等。这种过早带有限制的提问，往往给人以虚假的感觉，人们会认为既然领导已经决定了，自己表态还有什么意义呢；三是在辩论性场合要先用试探性的提问证实对方的意图，然后再采用直接性提问方式，否则提问很可能是不合时宜的，遭到对方拒绝。如谈判者可以说："我不知自己是否完全理解了您的意思。我听您说……您是这个意思吗？"如果对方肯定或否定，谈判者才可以说："如果是这样，那么您为什么不同意这个条件呢？"等；四是重要问题要事先准备好（包括提问的条件、措辞、由谁提问等），并设想对方的几种答案，针对这些答案设计好己方的对策；五是对新话题的提问不应在对方对某一个问题谈兴正浓时提出，应诱导其逐渐转向。

②要因人设问

提问应与对方的年龄、职业、社会角色、性格、气质、受教育程度、专业知识深度、知识广度、生活经历相适应，对象的特点决定了我们提问是否应当率直、简洁、含蓄、委婉、认真、诙谐、幽默、周密、随意，等等。

③分清提问的场合

分清提问的场合是公开谈判还是秘密谈判；是个人间谈判还是组织

间谈判；是"场内"桌面上谈判还是"场外"私下谈判；是质询还是演讲，等等，都要求提问者注意环境场合的影响。

④讲究提问的技巧

审慎组织语句。在谈判活动中谈判者为了获得有利的谈判地位或显得尊敬有礼，对谈判语言进行语序及结构的变换，使听话者产生语意判断上的错觉，并对之进行积极呼应。如不少国外谈判理论著述中都举过的一个典型例子：一名教士问主教："我在祈祷的时候可以抽烟吗？"主教感到这位教士对上帝极大的不尊，断然拒绝了他的请求。而另一名教士也去问这位主教："我在抽烟的时候可以祈祷吗？"主教感到他念念不忘上帝，连抽烟时都想着祈祷，可见其心之诚，便欣然同意了。后一名教士的请求之所以获准，正是由于他审慎组织语句，玩了一个以谓语与前置状语"调包"的游戏。心理学研究表明，人们难以接受那些对自身带有攻击性的、违背社会规则的、违反伦理道德的行为或事物。如果人们感觉到别人对其说话的方式和意图是善意的、和缓的、尊重的，就愿意接受。后一名教士利用语序变化，在自己真实目的不变的情况下改变语意，使听话者产生错觉，在态度上形成积极呼应，减少对抗、戒备、敌视等不良反应。这种技巧不仅可用在提问当中，在陈述、演讲、说服等语言中都可以加以运用。

简明扼要地提问。提问太长、太多有碍于对方的信息接收和思考，当问题较多时，每次至多问两个问题，待搞清楚或对方表示回答完后，再接着往下问，这样的节奏显得有礼。

对敏感问题提问要委婉。由于谈判的需要，有时需要问一些对方敏感的、在公众场合下通常忌讳的问题，最好是在提问之前略加说明理

由，这是人们避免引起尴尬的技巧。如有的女士对年龄很敏感，则可以说："为了填写这份表格，可以问问您的年龄吗？"

提问后允许对方有思考后作答的时间，不要随意搅扰对方的思路。

3. 谈判中的辩护礼仪

辩论过程中各方所进行的论述与反驳，实际上都是一种论证过程，必须遵守论证的规则，使其具有科学性和说服力。辩论中要综合运用倾听、提问、叙述、说服等技巧。

辩论的礼仪要求主要有：

（1）反驳对方的错误时，要抓住要害

古人云："言不在多，达意则灵""善辩者寡言"。抛开枝蔓，击中要害，即使只言片语，也能起到作用。反驳不是辱骂和恐吓，辱骂、恐吓看似气势汹汹，然而绝达不到有效反驳的目的。从心理学角度看，受辱骂、恐吓的人，往往会产生一种反抗心理，因而很难倾听别人的意见。语言的攻击力和威慑力，归根结底来自于语言的真理性，来自于语言的准确性与鲜明性。辱骂和恐吓是一种伤害对方人格的粗鲁行为，是非常失礼的。

（2）辩论中注意仪表，避免失态，切不可因激动而忘乎所以

辩论只有做到赢"理"不失"礼"，才能征服对方的心，从而收到最佳效果。抗美援朝时期，一位美国记者采访周总理，看到他使用美国派克钢笔，趁机借题发挥："请问总理阁下，你们堂堂的中国人，为什么还要用我们美国生产的钢笔呢？"提问显然不怀好意，可是周总理却依然笑容可掬、彬彬有礼地说："提起这支笔呀，那可说来话长了。这不是支普通的笔，是一个朝鲜朋友抗美的战利品，作为礼物送给我的。我无功不受禄，就想谢绝。哪知那朋友说，留下做个纪念吧！我觉得有意义，就收下了这支贵国的钢笔。"周总理的话，绵里藏针，有理有礼，美国记者搬起石头砸了自己的脚，又有哑巴吃黄连之苦衷。

（3）辩论中坚持摆事实、讲道理

辩论中不仅立场要鲜明，态度要严肃，语气要坚定，以使对方明确己方的观点，重视己方的意见。同时，要坚持用事实说话，话才更有力度。例如，日本日铁公司曾按某项协议给宝山钢铁厂寄来一箱资料，原谈好寄 6 份，寄来的清单上也写 6 份，开箱一看却只有 5 份，于是双方再度谈判。日方坚持说资料装箱时经过了几关检查，绝不可能漏装，只可能是途中散失或开箱后丢失，且语气强硬，不容争辩。我方代表立即针锋相对地说："很抱歉，事实是开箱时有不少人在场。开箱后立即清点，经过多次核实才向贵方提出交涉的。现在有三种可能：一是日方漏装；二是途中散失；三是我方开箱后丢失。如果途中散失，外面的木箱应受损坏，现在木箱完好，这一可能性应当排除。如果我方丢失，那木箱上印的净重应当大于现有资料净重，而事实是现有 5 份资料的净重与木箱所印净重正好相等，因此我方丢失的可能性也应排除。剩下只有一个可能，即日方漏装。"

这番辩论有理有据，逻辑严密，而且处处让事实说话，收到了良好的言语效果，不仅辩论获胜，而且做到了有理又有礼。

4. 处理商业纠纷礼仪

在商业活动中，纠纷是难免的。能处理好各种纠纷，是商务人员富有办事能力和个人修养的重要体现。

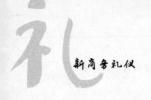

在商务活动中，发生了问题就要查问。查问必须提前准备好要查问的提纲，选择一定的时间和场合进行。一般来说，礼貌的查问是同当事人单独进行，避免在大庭广众之下进行。查问时不仅要听对方说什么，还要看对方的表情。心虚之人，在被查问时会发惊，神色定是慌张之相。反之，没有问题的人，被查问时无论你问什么，他都十分自然。如果在查问时发现有人回答问题吞吞吐吐，则此人定和这件事有关，或者至少了解这件事。

当然，调查中要重证据，找到实实在在的确凿证据。发现的疑点、线索只能作为寻找证据的参考。

商业纠纷找出问题之后，必须解决问题，摆脱困境。这就需要反复说明和解释。例如，发现对方不守信誉时，就应讲清造成后果的严重性，以及应负的法律责任，争取通过协商办法理智地解决问题，以便把问题消解于萌芽之中。

如果发生纠纷调解协商无效，则应马上终止这次交易，给自己造成损失的可通过法律解决，事后要从中吸取教训。

在商务活动中，最易发生问题之处就是名不副实，即产品质量同合同上说的不一致。许多人都因此吃了苦头。因此，为了免于此灾，最好的方法是在签订合同时就写明质量规格，写得越细越好，并附言一旦质量出问题，买方有权退回全部产品，并依法索赔。

当然最好的方式是"不见兔子不撒鹰"，即不看到产品放在自己面前，并且不确定为好货不付款。

谈判者说服对方时，是依靠理性的和情感的力量去使对方心悦诚服地转变态度。说服注重的是心灵的呼应，它与那些依靠强制性的手段（如法律仲裁、强权、舆论压力）或欺骗性的手段来获得对方的服从有着根本的不同。周恩来在说服别人方面堪称大师，他能始终以平等温和的态度、超人的理智、亲切感人的情怀，迅速地找到双方的共同之处和对方能够接受的起点。许多世界名人都对他的说服艺术给予了极高的评价，基辛格称：周恩来知道如何作出姿态使你不能拒绝；英国作家迪克·威尔逊在《周恩来传》中称：在说服方面，周的表现做得如此出色，以至于你会带着这样的印象离去。他对谈判过程中的每一次进展的情绪反应都是真诚的，他是一个令人信服的正直的人……平等温和的态度表明对别人的尊重，保持理智则可以避免双方在某些分歧方面的进一步恶化，这样，谈判者就有了说服对方的基础。

说服的礼仪要求为：

奠定良好的人际关系基础。要说服对方改变初衷，应当首先改善与对方的人际关系。当一个人考虑是否接受说服之前，他会先衡量说服者与他的熟悉程度和亲善程度，实际上是考虑信任度，对方如果在情绪上对立，则不可能接受说服。

把握说服的时机。在对方情绪激动或不稳定时，在对方敬重的人在场时，在对方的思维方式极端定式时，暂时不要进行说服。这时首先应设法安抚对方的情绪，避免让对方丢面子，用事实适当地给他以教训，然后才可进行说服。在同事、朋友、家庭成员、对手之间进行的劝说莫不如此。

言辞诚挚。在谈判中进行说服应努力寻求并强调与对方立场一致的地方，对于立场上的某些分歧，可以提出一个美好的设想，以提高对方接受劝说的可能性。要诚挚地向对方说明，如果接受了意见将会有什么利弊得失，要讲明接受意见后对方将得到什么样的益处，我方将得到什么样的益处，也要讲明接受意见后对方的损失是什么，我方的损失有哪些，

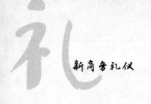

这样做，会使人感觉到你方所提的意见客观、合乎情理，易于接受。

5. 商务谈判的语言礼仪技巧

商务谈判中语言技巧方面，主要有以下几条要素：

谈判的语言要针对性强。在商务谈判中，双方各自的语言，都是表达自己的愿望和要求的，因此，谈判语言的针对性要强，做到有的放矢。模糊、啰唆的语言，会使对方疑惑、反感，降低己方威信，成为谈判的障碍。

针对不同的商品、谈判内容、谈判场合、谈判对手，要有针对性地使用语言，才能保证谈判的成功。例如：对脾气急躁、性格直爽的谈判对手，运用简短明快的语言可能更受欢迎；对慢条斯理的对手，采用春风化雨般的倾心长谈可能效果更好。在谈判中，要充分考虑谈判对手的性格、情绪、习惯、文化以及需求状况的差异，恰当地使用针对性的语言。

谈判中表达方式要婉转。谈判中应当尽量使用委婉语言，这样对方易于接受。比如，在否决对方要求时，可以这样说："您说的有一定道理，但实际情况稍微有些出入。"然后再不露痕迹地提出自己的观点。这样做既不会有损对方的面子，又可以让对方心平气和地认真倾听自己的意见。

谈判期间，谈判高手往往努力把自己的意见用委婉的方式伪装成对方的见解，提高说服力。在自己的意见提出之前，先问对手如何解决问题。当对方提出以后，若和自己的意见一致，要让对方相信这是他自己的观点。在这种情况下，谈判对手有被尊重的感觉，就会认为反对这个方案就是反对自己，因而容易达成一致，获得谈判成功。

　　谈判中要灵活应变。谈判形势的变化是难以预料的，往往会遇到一些意想不到的尴尬事情，这要求谈判者具有灵活的语言应变能力，与应急手段相联系，巧妙地摆脱困境。当遇到对手逼你立即作出选择时，你若是说："让我想一想""暂时很难决定"之类的语言，便会被对方认为缺乏主见，从而在心理上处于劣势。此时你可以看看表，然后有礼貌地告诉对方："真对不起，9 点钟了，我得出去一下，与一个约定的朋友通电话，请稍等五分钟。"于是，你便很得体地赢得了五分钟的思考时间。

　　恰当地使用无声语言。商务谈判中，谈判者通过姿势、手势、眼神、表情等非发音器官来表达的无声语言，往往在谈判过程中发挥重要的作用。在有些特殊环境里，有时需要沉默，恰到好处的沉默可以收到意想不到的良好效果。

　　在商务洽谈过程中，特别是进入报价阶段以后，出现分歧是不可避免的。不要回避矛盾，而应以积极的态度进行商讨甚至辩论，在友好和谐的气氛中谋求一致，争取谋得己方最大利益化的前提下，给对方以适当满足的皆大欢喜的结局。

　　商务关系越密切，双方的商讨也就会变得越重要。如何进行平等商讨呢？无论是对外商还是国内的伙伴，在礼仪上应该做到：坦诚相见。坦诚相见能获得对方的理解和信赖。在商务洽谈中，由于双方人员各自代表的利益不同，肩负的使命不同，彼此难免会有些提防心理，这是可以理解的。

　　如果一方人员言辞坦率，态度真诚，毫不掩饰地表明自己对某个问题的看法、希望和担心，将对方想知道的情况坦诚相告，这样就容易打破对方的戒备心理，获得对方的共鸣和信赖。特别是在磋商的关键时

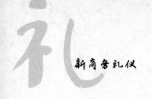
刻，更要用严谨、精当的语言准确地表述自己的观点和意见。有时如确需使用某些专业术语，则应以简明易懂的惯用语加以解释。一切语言均要以保证洽谈顺利进行为前提。洽谈过程中所使用的语言应当丰富、灵活，富有弹性。对于不同的谈判对手，应使用不同的语言。如果对方谈吐优雅，很有修养，己方语言也应十分讲究，做到出语不凡。如果对方语言朴实无华，那么己方用语也不必过多修饰。如果对方语言爽快、直露，那么己方语言也不必迂回曲折。总之，要根据对方的学识、气质、性格、修养和语言特点及时调整己方的洽谈用语，这是迅速缩短洽谈双方距离、实现平等商讨的有效方法。

6. 商务谈判的时空选择

（1）空间选择

谈判地点选择的原则是公平、互利。谈判地点的选择，往往可以影响谈判者的发挥，有利的场所能增加己方的谈判力量。人们发现，动物在自己的"领域"内，最有办法保卫自己。人，也是一种有领域感的动物。领地感与自己所拥有的场所、物品等有着密不可分的联系。离开了这些东西，人的感情和力量就会有无所依附之感。美国心理学家泰勒尔和他的助手兰尼做过一次有趣的实验，证明许多人在自己客厅里谈话更能说服对方。因为人们有一种心理状况：在自己的所属领域内交谈，无须分心去熟悉环境或适应环境；而在自己不熟悉的环境中交谈，往往容易变得无所适从，导致出现正常情况下不该有的错误。

有这样一个例子：日本的钢铁和煤炭资源短缺，而澳大利亚盛产铁和煤，日本渴望购买澳大利亚的铁和煤，在国际贸易中澳大利亚一方却不愁找不到买主。按理说，日本人的谈判地位低于澳大利亚，澳大利亚一方在谈判桌上占据主动地位。可是，日本人把澳大利亚的谈判人员请到日本去谈生意。一旦澳大利亚人到了日本，他们一般会行为比较谨慎，讲究礼仪，不会过分侵犯东道主的利益，因而日本方面和澳大利亚方面在谈判桌上的相互地位就发生了显著的变化。澳大利亚人过惯了富裕舒适的生活，派出的谈判代表到了日本不过几天，就急于想回到故乡去，所以在谈判桌上常常表现出急躁的情绪。而作为东道主的日本谈判代表可以不慌不忙地讨价还价，他们掌握了谈判桌上的主动权，结果日本方面仅仅花费了少量款待作"鱼饵"就钓到了"大鱼"，取得了大量谈判桌上难以获得的东西。

以上事例正说明谈判地点的选择对谈判结果具有一定影响。

所以，对一些决定性的谈判，若能在自己熟悉的地点进行，可说是最为理想，但若争取不到这个地点，则至少应选择一个双方都不熟悉的中性场所，以减少由于"场地劣势"导致的错误，避免不必要的损失。最差的谈判地点，则是在对方的"自治区域"内。如果说某项谈判将要进行多次，那谈判地点应该依次互换，以示公平。

（2）时间选择

时间观念是快节奏的现代人非常重视的观念。时间对于谈判活动的影响是很大的，如外交谈判开始之前准时到达是表示对谈判方有礼貌；相反，则是不尊重。无故失约、拖延时间、姗姗来迟等，这些时间观问题产生的都是负效应，只有准时，才体现出交往的诚意。

谈判时间选择适当，对谈判效果影响很大。一般来说，应注意以下几种情况。

①避免在身心处于低潮时进行谈判。例如夏天的午饭后等人们需要休息的时候就不宜进行谈判；如去外乡异地谈判，或去国外谈判，经过

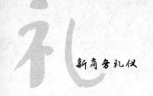

长途跋涉后应避免立即开始谈判，要在充分的休整之后再进行谈判。

②避免在休息日后的第一天早上进行谈判，因为这个时候人们在心理上可能仍未进入工作状态。

③避免在连续紧张工作后进行谈判，这时，人们的思绪比较凌乱。

④避免在身体不适时（特别是牙痛时）进行谈判，因为身体不适，很难使人专心于谈判之中。

⑤避免在人体一天中最疲劳的时间进行谈判。现代心理学、生理学研究认为，傍晚4时至6时是人一天的疲劳在心理上、肉体上都已达顶峰的时候，容易焦躁不安，思考力减弱，工作最没有效率，因此在这个时候进行谈判是不适宜的。

⑥在贸易谈判中，如果是卖方谈判者，则应主动避开买方市场；如果是买方谈判者，则应尽量避开卖方市场，因为这两种情况都难以进行平等互利的谈判，不要在最急需某种商品或亟须出售产品时进行谈判，要有一个适当的提前量，做到"凡事预则立"。

(3) 环境布置

商务谈判环境布置很重要。不利的谈判场合包括：嘈杂的环境，极不舒适的座位，谈判房间的温度过高或过低，不时有外人搅扰，环境陌生而引起的心力交瘁感，以及没有与同事私下交谈的机会，等等。这些环境因素会影响谈判者的注意力，从而导致谈判的失误。

心理学家 N. L. 明茨早在 20 世纪 50 年代就做过这样一个实验：他把实验对象分别安排到两个房间里，一间窗明地亮、干净整洁，而另一间则空气糟糕、凌乱不堪。他要求每人必须对 10 张相片上的人作出判断，说出他（或她）是精力旺盛的还是疲乏无力的，是满足的还是不满足的。结果，在洁净房间里的实验对象倾向于把相片上的人看成精力旺盛的和满足的；在凌乱房间里的实验对象则倾向于把相片上的人看成疲乏无力的和不满足的。这个实验表明环境是会影响人的感知的。

从礼仪要求讲，一般合作式谈判应安排布置好谈判环境，使之有利于双方谈判的顺利进行。

①光线

可利用自然光源，也可使用人造光源。利用自然光源即阳光时，应备有窗纱，以防强光刺目；而用人造光源时，要合理配置灯具，使光线尽量柔和一点。

②声响

室内应保持宁静，使谈判能顺利进行。房间不应临街、临马路，应不在施工场地附近，门窗应能隔音，周围没有电话铃声、脚步声、人声等噪声干扰。

③温度

室内最好能使用空调机和加湿器，以使空气的温度与湿度保持在适宜的水平上。温度在20℃，相对湿度在40%～60%是最合适的。一般情况下，至少要保证空气的清新和流通。

④色彩

室内的家具、门窗、墙壁的色彩要力求和谐一致，陈设安装应实用美观，留有较大的空间，以利于人的活动。

⑤装饰

用于谈判活动的场所应力显洁净、典雅、庄重、大方。宽大整洁的桌子、简单舒适的座椅（沙发），墙上可挂几幅风格协调的书画，室内也可装饰适当工艺品、花卉、标志物，但不宜过多过杂，以求简洁实用。

第八章

互联网时代的礼仪规则

随着互联网的发展，商务沟通方式也逐渐多元化。微信、QQ 等网络通信工具，在我们的生活中扮演的角色也越来越重要。沟通有度，文明交流也体现了商务沟通修养。

1. 别输在沟通礼仪上

在商务交往中，沟通与礼仪不仅可以有效地展现一个人的修养、风度和魅力，还能体现出一个人对社会的认知水准、个人学识、修养和价值。随着商务交往的频繁，人们越发意识到沟通与礼仪在生活、工作中的重要作用。沟通礼仪已经成为提高个人素质和单位形象的必要条件，甚至可以说，商务沟通礼仪是现代商务竞争的附加值。

为此，在商务沟通中，我们不能输在沟通礼仪上，礼仪可以让商务沟通更加有效。

（1）合适的话题

在现实的商务往来中，商务沟通虽是双向的，但两个不熟悉，甚至完全陌生的人进行沟通，直接切入主题肯定给人感觉是不好的，这个时候，我们就应该准备一个公共的小话题。比如，可以是社会热点、交通，甚至天气。这样的沟通方式能让对方放松，身心愉悦，双方的沟通也会更愉快。

这就需要商务人士每天关注时事动态、热门话题或者热点，让自己与时俱进。这样不仅能避免交谈时的尴尬，而且对方还会觉得你见多识广，更愿意与你交谈。但需注意的是，在商务交往中，不要装出一副我什么都懂得的样子。不懂装懂的样子和态度，适得其反就糟糕了。

（2）照顾他人兴趣

在交谈或者工作中，可能一个小小的细节就可以让对方对你产生好感。所以商务人士要学会把注意力转移到别人身上，谈谈对方感兴趣的话题或者适时地为对方服务一下，这不是卑躬屈膝，是让对方产生交谈的欲望，因为和你说话很舒服。

（3）不要轻易打断别人说话

如果换位思考，当你说话时被别人无礼地打断，你也会失去继续说下去的兴趣。所以在别人说话时我们不要随便介入，也不要接话。如果必须要告诉对方某件事情的时候，可以礼貌地插话："不好意思，打断您一下。"

（4）学会聆听

一个会聆听、善于聆听的人周围的朋友也会很多，对方愿意把一些事情告诉你。当然，聆听也不是说一味的安静，而是适当说有建设性的话。我们应该注意对方的表情、动作，适时地对对方的话表示肯定，发表意见或者做下总结。这样会让对方有继续说下去的动力，也会觉得受到尊重。

（5）说话前认真思考

我们应该默想一遍我们的话，说出来是否合适，是否符合对方的性格或者兴趣。避免谈及对方隐私和不愿提及的事情。

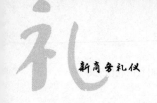

在商务交往中，恰当得体的礼仪不仅仅体现个人的涵养，也能体现公司的形象。所以，商务沟通礼仪是商务人士必学的礼仪，也是商务往来的基本要求。在正常的社交中，商务人士不仅仅要利用好一些沟通礼仪和技巧为交往加分，同时，也要注意交往中的禁忌。一般要记住两个禁忌：

①交谈五不问

收入、年龄、感情、健康、婚姻状况都属于个人隐私，直接询问是不礼貌的，如果有必要知道，可以委婉表达、不动声色，让对方自己告诉你。

②不恶意诋毁

在沟通过程中，如果有竞争对手，不要恶意诋毁，这不仅对自身和公司没有益处，还会留下心胸狭窄的嫌疑。

2. 礼貌用语

言语礼貌是商务人士所应具备的基本礼仪修养。

(1) 语调中体现礼貌

商务人士在交谈时的具体表现，往往与其工作能力、工作年限、个人魅力以及待人接物的态度紧密联系在一起。因此，交谈是商务人士个人素质的体现。

商务人士在说话时所表现的态度，往往是其内心世界的真实反映。若想使交谈顺利进行，就很有必要对自己的谈话态度予以准确把握、适当控制。具体而言，商务人士在交谈时应当体现出以诚相待、以礼相待、谦虚谨慎、主动热情的基本态度，切不可逢场作戏、虚情假意、敷衍了事、油腔滑调。

语言礼貌，是商务人士所应具备的基本礼仪修养。它要求商务人士在日常交谈中主动使用约定俗成的礼貌用语，以示对交谈对象的尊重友好之意。一般而言，商务人士使用的基本礼貌用语主要有以下五种：

①问候语

问候语的代表性用语是"你好"。不论是接待来宾、路遇他人，还是接听电话，商务人士均应主动问候他人，否则会显得傲慢无礼，目中无人。

②请托语

请托语的代表性用语是"请"。托付他人代劳、要求他人帮助，或者恳求他人协助时，商务人士照例应当使用这一专用语。缺少了它，便会给人以命令之感，使人难于接受。

③感谢语

感谢语的代表性用语是"谢谢"。使用感谢语，意在向对方表达本人的感激之意。获得帮助、得到支持、赢得理解、感到善意，或者婉拒他人时，商务人士均应使用此语向交谈对象主动致谢。

④道歉语

道歉语的代表性用语是"抱歉"或"对不起"。在工作中，由于某种原因而带给他人不便，或妨碍、打扰对方，以及未能充分满足对方的需求时，商务人士一般应及时运用此语向交往对象表示自己由衷的歉意，以求得到对方的谅解。

⑤道别语

道别语的代表性用语是"再见"。商务人士与他人告别时，主动运用此语，既是一种交际惯例，又是对交往对象尊重与惜别之意的一种常

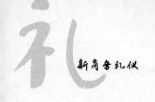

规性表示。

(2) 礼貌用语的"四有四避"

①四有

第一,有分寸。这是语言得体、有礼貌的首要问题。要做到语言有分寸,必须配合非语言因素,要了解对方的背景、明确交际的目的、选择好交际的体式,同时,注意言辞行动要恰当。当然,分寸也包括具体的言辞的分寸。

第二,有礼节。语言的礼节就是寒暄。在人际交往中,有五个最常见的礼节语言,分别是问候、致谢、致歉、告别、回敬。问候是"您好";告别是"再见";致谢是"谢谢";致歉是"对不起";回敬是对致谢、致歉的回答,如"没关系""不要紧""不碍事"之类。

第三,有教养。有教养的表现为说话有分寸、讲礼节,内容富于学识,词语雅致。有教养的人往往尊重和谅解别人,在别人有了缺点时,会委婉而善意地指出。

第四,有学识。当前是一个重视知识、尊重人才的社会,富有学识的人将会受到社会和他人的敬重,而不学无术、浅鄙的人只会受到社会和他人的鄙视。

②四避

第一,避隐私。隐私就是不可公开或不必公开的情况,像缺陷、秘密等。隐私除少数人必须知道外,不必让一般人知道。因此,在交际中,要避谈避问隐私。

第二,避浅薄。浅薄就是不懂装懂,教诲别人、讲外行话,或者词不达意,言不及知识。言辞单调,词汇贫乏,语句不通,白字常吐。与浅薄者谈话，令人感到不快。

第三，避粗鄙。粗鄙指言语粗野、污秽，或者满口粗话、丑话、脏话，不堪入耳。言语粗鄙是最无礼貌的语言。

第四，避忌讳。忌讳是人类视为禁忌的现象、事物和行为，比如与"死"有关的事物要避讳，"棺材"说成"寿器"；去厕所大小便说成"去洗手间"等。

3. 不同情境中的礼貌用语

为了方便商务人士掌握，我们把用于不同情境和场合的礼貌用语归纳成"七字诀"，以方便学习。

与人相见说"您好"；问人姓氏说"贵姓"；问人住址说"府上"；

仰慕已久说"久仰"；长期未见说"久违"；求人帮忙说"劳驾"；

向人询问说"请问"；请人协助说"费心"；请人解答说"请教"；

求人办事说"拜托"；麻烦别人说"打扰"；求人方便说"借光"；

请改文章说"斧正"；接受好意说"领情"；求人指点说"赐教"；

得人帮助说"谢谢"；祝人健康说"保重"；向人祝贺说"恭喜"；

老人年龄说"高寿"；身体不适说"欠安"；看望别人说"拜访"；

希望照顾说"关照"；赞人见解说"高见"；归还物品说"奉还"；

请人赴约说"赏光"；对方来信说"惠书"；自己住家说"寒舍"；

需要考虑说"斟酌"；无法满足说"抱歉"；请人谅解说"包涵"；

言行不妥"对不起"；慰问他人说"辛苦"；迎接客人说"欢迎"；

宾客来到说"欢迎"；等候别人说"恭候"；没能迎接说"失迎"；

客人入座说"请坐"；陪伴朋友说"奉陪"；临分别时说"再见"；

中途先走说"失陪"；请人勿送说"留步"；送人远行说"平安"。

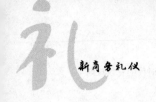

4. 接电话的礼仪

电话是便利的通信工具，在日常工作中，接打电话的语言很关键，它直接影响着一个公司的声誉；在日常生活中，人们通过电话也能粗略判断对方的人品、性格。因而，掌握正确的、礼貌待人的打电话方法是非常必要的。随着科学技术的发展和人们生活水平的提高，电话的普及率越来越高，人越来越离不开电话。在现实交往中，打电话的具体方法人们一学就会，一点都不困难。困难的是，有一些商务人士对于自己乃至本单位、本部门的电话形象却一无所知，甚至不自觉地对其有所损害，这样会影响个人或单位的电话形象。

所谓电话形象，是指人们在通电话的整个过程中的语音、声调、内容、表情、态度、时间等的集合。它能够真实地体现出个人的素质、待人接物的态度以及所在单位的整体水平。

正是因为电话形象在现代社会中无处不在，而商务交往又与电话"难解难分"，因此凡是重视维护自身形象的单位，无不对电话的使用给予高度的关注。特别是作为商务人士，无论是发话人还是受话人，都应遵循接打电话的一般要求。

（1）打电话的一般要求

①态度礼貌友善

不管通话的对方是什么人，通电话时都要注意态度友善、语调温和、讲究礼貌。不论是在公司还是在家里，从电话里讲话的方式，就可以基本判断出一个人的教养水准。

②传递信息简洁

由于现代社会中信息量大，人们的时间观念强，因此，商务活动中的电话内容要简洁而准确，忌海阔天空地闲聊和不着边际地交谈。

③控制语速语调

由于主叫和受话双方语言上可能存在差异，因此，要控制好自己的语速，以保证通话效果；语调应尽可能平缓，忌过于低沉或高亢。善于控制语气、语调是打电话的一项基本功。要语调温和、音量适中、咬字清楚、吐字比平时略慢一点。为让对方容易听明白，必要时可以把重要的话重复一遍。

（2）使用礼貌用语

对话双方都应该使用常规礼貌用语，忌出言粗鲁或通话过程中夹带不文明的口头禅。

在日常生活中，掌握一些接听电话的礼仪，让对方在你亲切的话语中，心平气和地与你谈事情。那么，基本的电话礼仪是什么呢？下面七点是基本的电话礼仪。

①重要的第一声

打电话给某单位，若电话一接通，就能听到对方亲切、优美的招呼声，打电话者的心里一定会很愉快，对该单位有了较好的印象，也可使双方对话能顺利展开。"你好，这里是某某公司"，声音清晰悦耳、吐字清脆，会给对方留下好的印象，对方对其所在单位也会有好印象。因此要记住，接电话时，只要稍微注意一下自己的行为就会给对方留下完全不同的印象，同时应有自己接电话是在代表单位形象的意识。

②要保持良好的心情

打电话时要保持良好的心情，这样即使对方看不见你，也会被你欢快的语调所感染，对你留下极佳的印象。

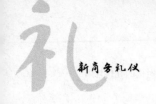
③清晰明朗的声音

打电话过程中绝对不能吸烟、喝茶、吃零食，即使是懒散的姿势对方也能够"听"得出来。如果你打电话的时候，弯着腰躺在椅子上，对方听你的声音就是懒散的、无精打采的；若坐姿端正，所发出的声音就会亲切悦耳、充满活力。因此打电话时，即使看不见对方，也要当作对方就在眼前，尽可能注意自己的姿势。

④迅速准确的接听

现代商务人士业务繁忙，桌上往往会有两三部电话，听到电话铃声，应准确迅速地拿起听筒，最好在三声之内接听。电话铃声响一声大约3秒钟，若长时间无人接电话，让对方久等，是很不礼貌的，对方在等待时心情会十分急躁，会对你的单位产生不好的印象。即便电话离自己很远，听到电话铃声后，附近没有其他人，应该用最快的速度拿起听筒，这样的态度是每个人都应该有的，这样的习惯是每个商务人士都应该养成的。如果电话铃响了五声才拿起话筒，应该先向对方道歉，若电话响了许久，接起电话只是"喂"了一声，会使对方十分不满，留下恶劣的印象。

⑤认真清楚地记录来电信息

随时牢记"5W1H"技巧，所谓"5W1H"是指 When（何时）、Who（何人）、Where（何地）、What（何事）、Why（为什么）、How（如何进行）。在工作中这些资料都是十分重要的，对打电话、接电话具有相同的重要性。

⑥了解来电话的目的

上班时间打来的电话几乎都与工作有关，公司的每个电话都十分重要，不可敷衍，即使对方要找的人不在，切忌只说"不在"就把电话挂了。接电话时也要尽可能问清事由，避免误事。应先了解对方来电的目的，如自己无法处理，也应认真记录下来，委婉地探求对方来电目的，就可不误事并赢得对方的好感。

⑦挂电话前的礼貌

要结束电话交谈时，一般应当由打电话的一方提出，然后彼此客气地道别，说一声"再见"，再挂电话，千万不要只管自己讲完就挂断电话。

总之，接打电话的礼仪是公共关系礼仪的重要内容。电话不仅是一种便捷的通信手段，而且也是人们日常生活中重要的交际方式。因此，现代通信礼仪的作用逐渐凸显。

5. 信件 （短信、 邮件） 沟通礼仪

电子邮件，即通过电子手段提供信息交换的通信方式。收发电子邮件是商务人士利用网络办公最常见的内容，也是最重要的方式。在收发电子邮件的不同阶段，商务人士都务必要遵循一定的规则。那么，大家是否知道发送邮件也有一些需要注意的礼仪呢？

撰写与发送电子邮件皆有一定的规则。用单位邮箱撰写的必须是商务邮件，不可将单位邮箱用作私人联系途径之用。

邮件适用于一切不方便用口头语言叙述的工作内容，如向上级发送工作报告，发送数据文件以避免产生贻误等。保守企业机密，不可发送涉及机密内容的邮件，不得将企业邮箱的密码转告他人。

在进行文件抄送时，部门内部的工作安排不得发给过高职位的上级；不得将同一个主题的讨论内容反复发给全部成员；不得将普通职员间的交流邮件抄送给上级。

邮件一定要注明标题，在正文中按照常规的通信格式书写。

撰写邮件正文时需层次分明、内容具体，并且在正文中对附件内容进行总结，以方便对方阅读。发送邮件附件时，附件不能过大，以方便对方下载。

具体来讲，在撰写电子邮件时，尤其要注意以下三点：

第一，邮件的主题要明确。一封电子邮件，大都只有一个主题，并且往往需要在前注明。若是将其归纳得当，收件人一看主题便对整个电子邮件的内容大概了解了。

第二，邮件的语言要流畅。电子邮件要便于阅读，要以语言流畅为要。尽量不写生僻字、异体字。引用数据、资料时，则最好标明出处，以便收件人核对。

第三，邮件的内容要简洁。首先，网上的时间极为宝贵，所以电子邮件的内容应当简明扼要，越短越好。其次，电子邮件应当避免滥用，不发无意义的邮件。在现代信息社会中，任何人的时间都是无比珍贵的。对商务人士来讲，这一点就显得更加重要了。所以有人才会说："在商务交往中要尊重一个人，首先就要懂得替他节省时间。"有鉴于此，若无必要，轻易不要向他人乱发电子邮件。尤其是不要以此与他人谈天说地，或是只为了检验一下自己的电子邮件能否成功地发出。一般而言，收到他人的重要电子邮件后，即刻回复对方，往往是必不可少的。最后，电子邮件应当注意编码问题。编码的问题是由于中文文字自身的特点加上一些其他的原因，我国的内地、台湾省、港澳地区，以及世界上其他国家的华人，目前使用着互不相同的中文编码系统。

那么，一份好的电子邮件具体要怎么写？

①标题

a. 标题空白是写商务电子邮件的大忌，不仅失礼还容易让邮件被忽略掉。所以，写邮件的第一步，就要确定标题。

b. 完美的邮件标题应是简短明了有内容的，意思要同邮件主旨大意相同，让收件人能够一望可知。

c. 标题中尽量注明邮件来源，让收件人可以大致判断邮件的目的性。

d. 如果是紧急邮件，为了引人注意可以适当注明"紧急"的字样。

e. 标题切不可出现错字或语句不通的情况。

②称呼和问候语

a. 电子邮件和传统信件的写作格式是相同的，邮件的开头也要对收件人加以称呼，但要拿捏好称呼的尺度。如果对方有明确的职务，那么应该按照职务尊称对方，如果职位不够明确，可以用某先生、某小姐代称，称呼的格式是要写在第一行顶格的位置。

b. 开头和结尾处的问候语也不能忽略。"你好"或"您好"都是常见开头问候语，这时，通常写在称呼的下一行空两格处。也可以使用"Hi"，并连同称呼一同写在第一行顶格的位置。结尾处的问候常见的有"此致敬礼""祝工作顺利！"等，格式和常规信件相同。

③正文

a. 要先表明身份。如果是熟人间的信件可以忽略此步骤，但是若对方与你不熟悉，那么应该先说明自己的身份，也就是姓名以及所属的部门或公司。这不仅是对收件人的尊重，还能让他理解你来信的本意。此外，如果是工作邮箱，最好是能够设置签名档。

b. 正文以"1. 2. 3"或"A. B. C"的段落形式呈现，复杂的事情看

起来也会更加有条理。邮件的撰写应遵循由上而下的重点，就是说，重点问题要在第一段中体现。每段尽量简短，几个字说清的事情绝不用一句话来代替。慎用生僻字、异体字。

c. 如有附件可以在正文中做提醒，文字写在正文结束后的位置，例如"××文件在附件中，请查收"之类，如有必要，允许把文字做标红处理。

d. 注意正文的语气，要比口语对话稍微正式一点。商务电子邮件中"谢谢""请"等字样不能缺少。邮件中不可出现代表语气的"小符号""小表情"，这在商务邮件中显得不够严肃。

e. 邮件正文写好后要仔细确认，最好一次性把全部内容说清，尽量避免再发邮件进行补充。

④接收与回复

接收与回复电子邮件时，通常应注意以下几点。

a. 应定期检查有没有接收到新邮件。打开收件箱，查看有无新邮件，以免遗漏或耽误重要邮件的阅读和回复。

b. 应当及时回复商务邮件。一般应在收件当天予以回复，以确保信息的及时交流和工作的顺利开展。若涉及较难处理的问题，则可先电告发件人已收到邮件，再择时另发邮件予以具体回复。

c. 若因公出差或其他原因而未能及时打开收件箱查阅和回复时，应迅速补办具体事宜，尽快回复，并向对方致歉。

⑤保存与删除

商务人士应当注意电子邮件的保存与删除，通常应注意以下几点。

a. 要定期整理收件箱，对不同邮件分别予以保存和删除。

b. 对需要保存的邮件，应当复制成其他形式，更为安全地保留下来。既可复制在硬盘或软盘上，也可打印成稿，与公文归为一类。

c. 要及时清理删除与商务无关的垃圾邮件，或已无实际价值的商务邮件，以及已被复制的其他文件。

电子邮件的礼仪是传统信件礼仪的一种延伸，但性质又不完全等同于传统信件。商务电子邮件作为工作社交的一种存在形式，是商务人士要经常接触和使用的，学会掌握其中的技巧和礼仪，是树立职业形象的一种方法，同时也能避免很多不必要的冲突和麻烦。

6. 群发邮件需注意的问题

在日常办公中，我们常常会遇到需要将同一内容的邮件群发给很多收件人的情况，这就需要使用邮件的群发功能。

（1）在邮件发送操作中需要掌握的概念

①收件人

收件人是您所发送邮件的接收者，您可以直接填写他的邮件地址，或者点击写信页右侧的通讯录中的联系人来添加。收件人可以并列多个，通常以分号隔开。

②抄送地址

点击"添加抄送地址"，打开抄送地址输入框，抄送地址也是您所发送邮件的接收者，您可以直接填写对方的邮件地址，或者点击写信页右侧的通讯录中的联系人来添加。

③暗送地址

点击"添加暗送地址"，打开地址输入框，暗送地址也是您所发送邮件的接收者，您可以直接填写他的邮件地址，或者点击写信页右侧的通讯录中的联系人来添加。对方收到邮件时，收件人和抄送人的邮箱中

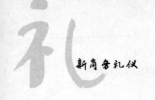

不会显示暗送人地址。

④并列收件人、抄送、密送

群发邮件时，可以采用"并列收件人""抄送"和"密送"三种形式。

如果您给某人和其他人一起发邮件时，不介意大家知道您在同时发给其他人，则可以使用"并列收件人"和"抄送"。信件的所有收件人都能够看到其他收件人，以及您指定为"抄送"的收件人地址，但看不到"密送"中所列的地址。

"密送"代表"不显示的副本"。这极相似于"抄送"功能，只不过"密送"的收件人名址不会被其他收件人看到，而"收件人"和"抄送"字段中的收件人地址彼此都能看见。

假如您给很多客户一起发邮件，此时就不应当使用"并列收件人"和"抄送"，否则原本不认识的客户之间，可能通过您的邮件，得到了其他不认识的客户的邮件地址。而泄露客户个人信息的人，就是您了。此时，使用"密送"更为妥当。

但是，即使是"密送"，也要慎重使用，因为对方的邮箱可能还有超级厉害的"全部回复"的功能。不同邮箱的"全部回复"功能不同。我们再来看两个回复操作中的概念：

回复：选择一封邮件，点击"回复"链接，将进入写邮件页，回复邮件给发件人。此功能是一对一形式，"谁发给我，我就给谁回复"。

全部回复：选择一封邮件，点击"全部回复"链接，将进入写邮件页，有的邮箱的"全部回复"功能，是只回复给"发件人"和"抄送"中的邮件地址（在有些邮箱中"全部回复"不回复给并列收件人，所有并列收件人地址在收件人的收信页面中都能看到。抄送者可以被"全部回复"，并列收件人则不能直接"全部回复"。这就是某些邮箱"并列收件人"和"抄送"的区别）。

注意，有的邮箱的"全部回复"功能超级强大，是回复邮件给所有并列发件人和发件人，在发送该封邮件时填写的所有"抄送"和"密送"中的全部邮件地址。如果对方邮箱具有密送"全部回复"功能，那么无论您是使用"并列收件人""抄送"还是"密送"，当对方点击"全部回复"时，您群发的所有邮箱姓名地址都将出现在回复邮件页面的"收件人"输入框中。也就是说，无论您是否"密送"，都无法真正保密。这样不但客户名址全部泄露，而且更严重的情况是，如果回复人也是个"马大哈"，随便点了"全部回复"而没有注意到"收件人"输入框中自动跳出了那么多人的地址，那么他给您一个人回复的邮件，有可能同时发给了一群不相干的人，这会给工作带来极大的麻烦。

（2）需谨记的事项

给重要人物的重要邮件一定要一对一单独发送。

群发操作之前一定要慎重考虑所采用的操作方式是否妥当。一旦发出，覆水难收。

不重要的通告非保密邮件，可以在特定地址非保密组群里以三种形式群发，但要根据对方邮箱特性，慎重选择使用"并列收件人""抄送"和"暗送（密送）"功能。

回复他人邮件时，一定要再次检查收件人地址是否正确。

使用尊称。按照中国传统习惯，对尊者勿直呼其名，姓＋尊称可以；姓＋名＋尊称可以；名＋尊称亦可，只叫"名"或只叫

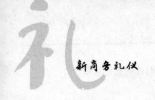
"姓 + 名"无尊称，可能就不够得体了。尤其是直呼且只呼其名（姓和尊称都没有叫出），在关系不够深的时候会让对方感觉不适（当然，关于称呼的礼仪，在不同文化下是不同的，此处不做讨论了）。

再次强调，记住别人的名字，在适当的时候能够称呼别人的名字。如果您已经知道对方的名字，那么，当您给对方发邮件时，"尊敬的某经理：……"要比"经理，您好……"收到回信的概率大很多，因为后者的称呼容易让对方联想到，您的这封邮件是群发出来的广告邮件，没有必要认真对待。

7. 微信沟通礼仪

通常而言，微信普遍被理解为一种熟人社交工具。但在现实中，随着见面加微信成为一项习惯性动作，随着各种与工作、生活有关的微信群层出不穷，微信已经变成了通用型的社交平台。那么，在这样的沟通平台，我们更需要规范和礼仪。微信沟通需要什么样的礼仪呢？基本上有以下几个原则：

（1）加人自我介绍是最基本的礼仪。我们经常会遇到这样的情况，一个人突然加你的微信，也不说是谁，加了以后从来不说话。过了好久问他是谁，他说不好意思，你可能也想不起来为什么要加你，最后奇怪地把你删除了。这种情况非常让人反感。

在商务活动中，微信已成为商务人士与外界沟通的重要工具，时间久了，通讯录里的人也越来越杂。微信好友的上限可以有 5000 人，每天都有很多杂七杂八的人刷屏。所以，在微信加人时，一定要备注添加公司、职务。

（2）经常关注朋友圈，看到有趣的、不错的分享就点个赞，带上真诚的评论，这是一种风度。多赞别人，和别人互动，你才能和微信粉丝建立连接，培养信任感。如果你想在朋友圈获得较高的人气，想引起你关注的人的注意，最简单、最直接、最有效的方法就是"点赞＋评论"。

（3）看到消息及时回复，哪怕是早安问候，也一定要回复，这是最起码的礼貌。在微信上人人平等，没必要趾高气扬不理睬别人回你的消息，还有就是一定不要让信息隔夜，这是尊重别人。

（4）朋友圈发送的尽量是原创的内容，包括日常问候和节假日的问候。不要随意就转发点赞别人的内容。

（5）你自己的朋友圈内容要有明确规划，给自己规划好标签，不要东一榔头西一棒槌，今天愤世嫉俗，明天心灵鸡汤，后天显摆专业，这样会让人无法记住你，无法知道你到底是干什么的。

（6）我们提倡三互精神：互粉、互赞、互评。多鼓励和肯定别人，少说教和批评别人，这样大家才都能有个好心情。

（7）如果有可能的话，跟你的粉丝或者朋友交流一下，听听别人对你的看法，给自己规划几个标签，比如"坚强""个性""女汉子"。标签是很容易被人记住和传播的。尽量把每天的内容规划一下，发点自己的生活照片，转发一点你感兴趣的文章，原创一些你自己对所从事行业的专业点评，这三种内容，每天都有一点比较好。

（8）千万不要大半夜玩微信乱发信息，尤其是在微群里，你即便不睡觉，也不要在半夜三更打扰他人。

（9）不要传播违禁内容，挑起敏感话题。腾讯公司也是有监视的，存在敏感话题，很容易被清除。

（10）转发的礼仪是：先点赞，后转发，转发注明出处。现实社会需要遵循的礼仪，在互联网时代，更需要遵循。各种通信方式络绎不绝地出现，改变的是生活，而礼仪改变的是你的情商和修养。因此，现实社会不会做的，微信里就不要去做了。

8. 群聊沟通礼仪

QQ 和微信已经成为现代人离不开的社交软件，那么你们知道群聊要注意什么礼仪吗？

（1）不要公群私聊

公共群就像一个主题茶馆，发起人开设了一个群，给大家一个聊天喝茶的地方，但是既然是主题茶馆，就要切合主题，不要无限跑题，非常私密的话题可以进"包房"谈，不要让大家围观（请私下加好友聊吧）。

（2）不要谈论和转发太多跑题及敏感话题

反对谈论热门的报纸不会刊登的话题，不是断定谁的话题观点的对错，而是尽量少谈涉及敏感词的话题。

（3）不要发大图或长语音

即使您是有无线网络或者不在乎流量的土豪，但也请照顾那些包月套餐内流量不多的朋友，这是美德。

（4）别在晚上 10 点后早上 8 点前进行群聊

除非这个群是夜猫群，毕竟夜间群聊叮咚叮咚响个不停，对于群里的其他人是很困扰的。当然也可以在群内的信息没有急迫性的情况下，关掉"新消息通知选项"，等有空或闲暇时再浏览群内的聊天信息。

（5）让群里的其他人知道你是何人

如果加入一个大家都熟识的群，在群里活动就要大方地让人知道你是谁，必须更改在群里的昵称或者头像，你想想如果有个人，用个猪仔头像、可爱的昵称，那谁又会知道你是何许人也。昵称：建议使用真实姓名，最好带上你的公司名称或者产品名称，这样群里的其他人才能知道你是谁；头像：尽可能接近本人，这样见到你本人的时候，容易对上号啊。

（6）万不得已不要轻易退群

不要随便拉一些与群主题不相关的朋友入群，被朋友拉入群的也不要轻易退群，前者是对群里其他群友的尊重，后者是对推荐人的尊重。当然，微信群的去留，最终还是由当事人的价值观决定。

9. 网络沟通中的文明礼仪

现代高科技的发展给人类生活带来许多便利，相识的和不相识的人，可以通过网络进行交流。与现实生活中人与人交流沟通一样，网上沟通同样存在道德规范和文明礼仪。

（1）有原则

我们是在和人交流，即使是陌生人。现实生活中如何沟通，网络上也该如何交流，以此为原则。

（2）尊重别人

尊重他人的隐私，不要随意公开私人邮件、聊天记录和视频等内容。也不要好为人师，不要自诩高人一筹。尊重他人的劳动，不要剽窃、随意修改和张贴别人的劳动成果，除非他人主观愿意。在沟通提问以前，先确定自己无法解决，且对方能解决。

（3）不卑不亢

自信，但是要注意谦虚，做好细节。不要刻意放低自己，但是如果对某个方面不熟悉，不要冒充专家。任何消息发送前，要仔细检查语法和用词，不要故意挑衅和使用脏话。

在网络礼仪中还有以下九大礼节：

礼节一：记住别人的存在

互联网给予来自五湖四海的人们一个共同聚集的地方，这是高科技的优点，但往往也使得我们面对着电脑屏幕忘了我们是在跟其他人打交道，我们的行为也因此容易变得粗劣和无礼。因此网络礼节第一条就是：记住别人的存在。你当着他人面不会说的话，在网上也不要说。

礼节二：网上网下行为一致

在现实生活中，大多数人都是遵纪守法的，在网上也应同样如此。网上的道德和法律与现实生活是相同的，不要以为在网上就可以降低道德标准。

礼节三：入乡随俗

同样是网站，不同的论坛有不同的规则。在一个论坛可以做的事情，在另一个论坛可能不可以做。比如，在聊天室发布传言和在一个新闻论坛散布传言是不同的。最好的建议：先"爬一会儿墙头"再发言，这样你可以知道"坛子"的气氛和可以接受的行为。

礼节四：尊重别人的时间

在提问题以前，先自己花些时间去搜索和研究。很有可能同样的问题以前已经问过多次，现成的答案随手可及。不要以自我为中心，别人为你寻找答案需要消耗时间和资源。

礼节五：在网上留个好印象

因为网络的匿名性质，别人无法从你的外观来判断，因此你的一言一语成为别人对你印象的唯一判断。如果你对某个方面不是很熟悉，找几本书看看再开口，无的放矢只能落个"灌水王帽子"。同样的，发帖以前仔细检查语法和用词，不要故意挑衅和使用脏话等。

礼节六：平心静气地争论

争论是正常现象。有讽刺、有诡辩、有冲突，但要以理服人，不要人身攻击。每个人都希望证明自己是正确的，所以过于顽固地坚持一些所谓的"普遍真理"，而不是根据具体情况具体分析。争论的过程会逐渐变成驳倒对方、证明自己的意气之争，问题本身反而被忽略了。

礼节七：尊重他人的隐私

别人与你用电子邮件或私聊的记录应该是隐私的一部分。如果你认识某个人用笔名上网，在论坛未经同意将他的真名公开也是一种失礼的行为。如果不小心看到别人电脑上的电子邮件或秘密，不应该到处传播。

礼节八：不要滥用权力

管理员比其他用户有更多权力，但应该珍惜使用这些权力。

礼节九：宽容

我们都曾经是新手，都会有犯错误的时候。当看到别人写错字，用错词，问一个低级问题，或者写篇没必要的长篇大论时，你不要在意。如果你真的想给他建议，最好用电子邮件私下提议。

10. 手机礼仪你要懂

手机已成为每个人必不可少的随身工具，而且随着技术的发展，手

机已不再只是打电话的通信工具，而是具有众多实用功能的工具。然而，我们在享受手机带来的便利的同时，也应该遵循一些手机使用过程中对人的尊重。尊重应该体现在哪些方面呢？

手机礼仪一：手机放哪儿有讲究

前不久，我和同事A一起去给客户汇报产品方案，汇报的地点选在对方的会议室。当天参加会议的人很多，还有不少领导，会议室里非常拥挤。同事可能是觉得有些热，就把外衣放在外边，正当我们工作汇报到一半儿的时候，A的手机突然响了，同事意识到这是自己的手机。但屋里人太多，他的外衣却放在门口，手机一直响个不停，中间也隔着好多人，同事要过去拿的话，大家都得起身，他才能过去，会场秩序在一瞬间会被打乱，也让对方的领导感到有些不满，弄得我们也很尴尬。

作为职场人员，A显然没有考虑过公共场合手机应该静音，放在哪里合适。很多人习惯于把手机随意摆放，在自己家里或者工位上没有问题，但在公共场合手机的摆放是很有讲究的，可是很多人并没有意识到。手机在不使用的时候，可以放在口袋里，也可以放在公文包里，但要保证随时可以拿出来，免得像A那样。在与别人面对面时，最好不要把手机放在手里，也不要对着别人放置，这都会让对方感觉不舒服。而对于职场人士来说，最好也不要把手机挂在脖子上，这会让人觉得你很不专业。

手机礼仪二：打电话前考虑对方

如今，手机作为沟通的重要工具，自然是联系客户的手段之一。但在给自己客户打手机前，首先应该想到他是否方便接听你的电话，如果他正处在一个不方便和你说话的环境，那么你们的沟通效果肯定会大打折扣，因此，打电话前考虑对方是否方便接电话是职场人员必须要学会的一课。最简单的一点，就是在接通电话后，先问问对方是否方便讲话。

但仅有这些是远远不够的，首先要了解客户的作息时间，有些客户会在固定时间召开会议，这个时间最好不要去打扰对方。而电话接通后，仔细倾听并判断对方所处的环境，如果环境很嘈杂，说明他可能正在外面而不在办公室，这个时候你要考虑对方是否能够有耐心听你讲话。而如果他小声讲话，则说明他可能正在会场里，你应该主动挂断电话，择机再打过去。

手机礼仪三：接听勿扰他人

除了要注意手机摆放位置之外，职场新人也要懂得接听手机的礼仪。手机最大的优势就是随时随地可以通话，这在带给大家便利的同时自然也会带来一些负面效果。同事 B 刚刚来到公司不久，在办公室里接听手机的时候总是声音很大，旁若无人。周围的同事有的正在思考业务，有的正在和其他客户通话联系工作，他这样大声讲话，影响了周围人正常的工作，没多长时间就招来了同事们的不满。

对于职场新人，给他人的第一印象往往很大程度上决定了自己日后的发展，而 B 这种行为给周围人留下的印象就是心中没有他人，不考虑他人的感受。在公共场合接听手机时，一定要注意不要影响他人。有时办公室因为人多，原本就很杂乱，如果再大声接电话，往往就会让环境变得很糟糕。作为职场新人，在没有熟悉环境之前，可以先去办公室外接电话，以免影响他人，特别是一些私人的通话更应注意。

手机如今已是再平常不过的事物，在职场中，一部手机却可以折射出你的职场能力。因此，职场人员一定要掌握手机礼仪，让手机成为自己的职场帮手，而不是减分利器。